ZERO－零牌管理书系◎企业家素质

CRISIS STRESS
UPGRADE ENTERPRISE
IMMUNITY

# 危机应激

## 升级企业免疫力

祖林
怀海涛 ◎著

中国科学技术出版社
·北 京·

**图书在版编目（CIP）数据**

危机应激：升级企业免疫力 / 祖林，怀海涛著 . -- 北京：中国科学技术出版社，2021.4

ISBN 978-7-5046-8665-7

Ⅰ. ①危… Ⅱ. ①祖… ②怀… Ⅲ. ①企业危机—企业管理—研究 Ⅳ. ① F272.35

中国版本图书馆 CIP 数据核字（2020）第 235897 号

---

| | |
|---|---|
| **策划编辑** | 杜凡如 |
| **责任编辑** | 杜凡如 |
| **封面设计** | 马筱琨 |
| **正文设计** | 锋尚设计 |
| **责任校对** | 张晓莉 |
| **责任印制** | 李晓霖 |

---

| | |
|---|---|
| **出　　版** | 中国科学技术出版社 |
| **发　　行** | 中国科学技术出版社有限公司发行部 |
| **地　　址** | 北京市海淀区中关村南大街 16 号 |
| **邮　　编** | 100081 |
| **发行电话** | 010-62173865 |
| **传　　真** | 010-62173081 |
| **网　　址** | http：//www.cspbooks.com.cn |

---

| | |
|---|---|
| **开　　本** | 880mm × 1230mm　1/32 |
| **字　　数** | 150 千字 |
| **印　　张** | 6.75 |
| **版　　次** | 2021 年 4 月第 1 版 |
| **印　　次** | 2021 年 4 月第 1 次印刷 |
| **印　　刷** | 北京顶佳世纪印刷有限公司 |
| **书　　号** | ISBN 978-7-5046-8665-7 / F · 919 |
| **定　　价** | 59.00 元 |

---

推荐语
RECOMMENDATION

## 缔造企业组织力

中国企业在取得长足发展的同时也迎来了新的挑战期。除了商业模式的创新，企业还要重视技术、产品、服务和市场方面的创新。然而，最重要的基础课题是提高核心业务流程的有效性，在这方面，中国企业需要进一步钻研。

这对企业运用工业工程、价值工程、统计技术和信息技术，作为组织实现损失最小化和效率最大化的能力提出了要求。

技术和制造是营销的一部分，市场营销是从产品—服务的开发到销售的全过程，也就是经营本身。经营的本质是提高企业的流动性。

建立营销—研发—生产一体化的产品开发机制，实现客户轴、产品轴和供应链轴三轴联动是很重要的。

营销必须标准化，营销务必标准化。东京大学藤本隆宏教授说："通过强化内在竞争力，实现强大的外在竞争力，从而在价格竞争市场中创造非价格竞争力。"我认为这不是理论观点，而是具体的经营手法。

零牌顾问机构基于缔造企业组织力的需要，推出面向企业家、职业经理人和新时代员工的"零牌管理书系"，我借此机会向大家推荐这一系列书籍。

木元哲

松下（中国）前总裁

中国企业进入了文化引领未来、战略驱动发展和人才赋能组织的新时代。

零牌顾问机构深入企业经营一线、融入客户团队，是实战派、落地型咨询公司，其出版的管理书系为企业高质量发展提供助力。唐人神集团与零牌顾问机构战略合作，继续为中国大农业做贡献。

陶一山

唐人神集团创始人、董事长

新冠疫情来袭迫使企业不同程度上按下暂停键。如何穿越危机，强健体质，提高组织免疫力是企业经营者共同关注的主题。

祖林老师及零牌顾问机构团队长期深耕中国制造企业，以智力兴企、产业报国为使命，探讨企业如何化危为机、迈向长寿企业之道，值得我们深入学习。

欧阳桃花

北京航空航天大学经管学院教授、博士生导师，经营学博士

企业在不同发展阶段面临不同的挑战甚至危机，战战兢兢、如履薄冰，主动推动组织变革，在持续创业、接力经营中不断提高企业的成熟度，修炼组织智慧，这条路永无止境。

零牌顾问机构20年市场历练，以国际视野和专业能力为不同行业、

不同地域和不同发展阶段的企业提供智囊服务，是企业值得信赖的战略伙伴，零牌管理书系承载了他们的实践智慧和价值分享，值得品读。

刘永刚

江苏省建筑科学研究院有限公司副董事长、院长

在哈尔滨中央红集团，我们特别推崇一个“钻”字。钻是一种专注，钻是一种执着，钻是一种深入。我们每个人都在学习中成长，在钻研中成才，在积累中提升。喜欢钻研的人不只有钻劲儿，他们大多都会用勤奋来为自己正名。祖林老师及零牌顾问机构团队就是这样一批爱“钻”又勤奋的人。

这套零牌管理书系，既是他们长期耕耘于企业管理咨询一线的辛勤成果，也是中国企业这些年飞速成长的精彩缩影。

我推荐大家一起来阅读，一起来做“有灵魂”的企业，做有“生命力”的企业。

栾　芳

哈尔滨中央红集团股份有限公司董事长

我特别推荐祖林老师的著作《危机应激：升级企业免疫力》。这本书里有句话说得特别好：“抓住正在涌来的战略机遇，建立新的肌体免疫力。”面对新冠疫情，品胜的经营目标不仅没有受到大的影响，反而实现

了增长。这种“免疫力”的建立，一方面是因为品胜是一家特别愿意去“折腾”的企业，愿意主动去迎接变革，另一方面是因为品胜抓住了产业互联网的战略机遇，开启了PISEN MORE生态战略，找到了全新的增长极。

我们现在的梦想是“把华强北装进品胜”，希望把中国的3C数码行业装进品胜。在此，也祝愿零牌未来能把更多的优质管理创新思维“装进”企业家的头脑里，帮助更多的中国企业渡过危机，实现可持续经营，创造出越来越多健康长寿的中国企业。

赵国成

品胜股份董事长

当前，疫情及其“后遗症”破坏了不少行业很多企业原有的发展路径。行业与市场是触底或是攀升成为企业最关心的课题，企业家该如何精准定位当前经济形势？如何解码企业增长新路径？这套零牌管理书系宛如黑夜里的明灯，为砥砺前行中的企业指引了方向。

这套书的创作历程，就像登山的过程，都是在打造“自我韧劲”，也是被“自我韧劲”所引领。这种韧劲无声，却如光与火，让我们在面对困难或者逆境时能有效应对和适应，在压力的威胁下能够顽强持久、坚韧不拔，在挫折后能成长和新生！

谨以华耐家居所信奉并坚持的八个字“征无止境，勇于攀登”，祝愿本套书系畅销！

李　琦

蚁安居董事长、华耐家居副董事长

从硬性技术到软性技巧，从扎实的理论基础到丰富的实战经验，从西方管理科学的量化与严谨到东方管理哲学的睿智和圆通，零牌顾问机构把挂在墙上、印在书上、传播在手机上的一场场成功的企业变革摘下来，落地成行之有效的方法，从创新管理和创新产品两个方面以双轮驱动的方式助力企业自身的可持续发展，把企业体内的衰老因子赶出去，焕活企业、再造企业。

就像零牌顾问机构一直秉持的“智力兴企、产业报国”，其出版的零牌管理书系不仅是“中国经管类口袋书”，更是企业的第三只眼睛、第三方力量，为中国企业整合全球资源，提供源源不断的管理方法，实现企业核心力量的实效落地、实务发展。

谢　坚

红星美凯龙家居集团总裁兼装修产业集团CEO

# 总序
PREFACE

## 智力兴企　产业报国

为朋友救场的一堂企业物流管理实务课，直接导致一个中国咨询机构的诞生。从2001年4月8日第一次正式向客户提交项目方案发展至今，零牌顾问机构创立已二十年左右，见证了中国企业融入全球经济一体化的过程，参与了中国企业持续变革、崛起于世界舞台的历史进程。2020年9月3日，零牌北京总部入驻开业，广州和北京双总部，零牌顾问机构进入了南北同步驱动、赋能全国企业的新征程。

二十年来，零牌顾问机构经历了组建工作室（零牌专家组）、知识产品开发、成立公司、品牌再造、全面业务拓展、覆盖全国市场和迈向全球业务等多个阶段，现在是一家有一定影响力和知名度的全国性咨询机构。

2005年9月，作为零牌顾问机构创始人，初露矛头的我进入华南理工大学工商管理学院兼职任教，担任生产运营管理课程教学工作；2009年5月，被聘为中山大学高等继续教育学院兼职教授，主讲组织行为学；之后，我陆续在清华大学继续教育学院、华中科技大学管理学院等商学院受聘担任课程教授。自2010年起，零牌顾问机构的专家团队已经常态化地在华南理工大学和中山大学的讲台上为中国产业发展服务，十多年大学工商管理教学历练，极大地推进了零牌顾问机构的理论体系建设。

### 助力企业提升一体化运营水平，重塑市场竞争力

零牌顾问机构聚焦于企业一体化运营研究，帮助企业打通营销、研发和生产，通过一体化运营快速响应市场，实现战略、流程和组织

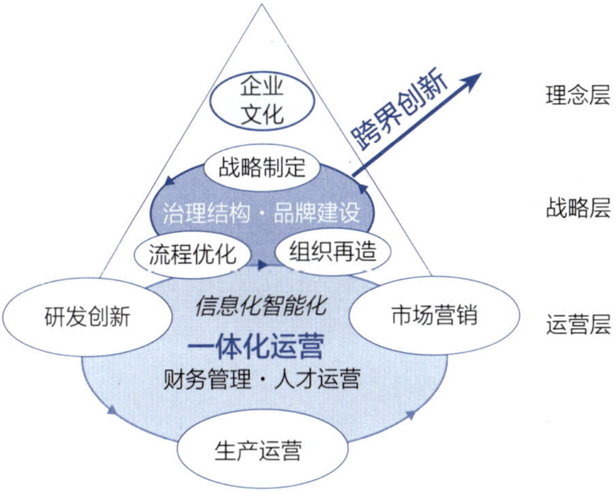


企业一体化运营地图

一体化，推动理念层、战略层和运营层一体化，通过跨界学习突破发展瓶颈。

简言之，零牌顾问机构是一家为企业提供全职能模块辅导的咨询公司，我们没有局限于人力资源或精益生产这样的单一模块，而是为企业提供类似全科医生这样的整体服务。

在运营层面，营销、研发、生产、财务管理、人才运营（人力资源管理）和信息化智能化（架构设计）六大模块，我们都有非常成功的案例；在战略层面，中期战略制定、组织再造、品牌建设、流程优化、治理结构和跨界创新六大模块，我们每年都有五十个以上的项目，在顶层设计上协助企业蜕变成长；在二代接班、员工代际转换和新业态涌现的历史阶段，企业文化建设也是很多企业加强软实力的重要工作，从2014年开始，零牌顾问机构陆续为先尼科（上海）、劳卡全屋定制、恒基地产集团、远华新材和厦门及时雨焊料等数十家企业提供了专业辅导，覆盖精神文化萃取、文化体系构建、文化传媒企划和行为文化建设等。

我们帮助企业建设硬实力和软实力，通过提高内在竞争力进而提高外在竞争力，不仅提高价格竞争力，还同步提高非价格竞争力，最终实现综合竞争力提升。

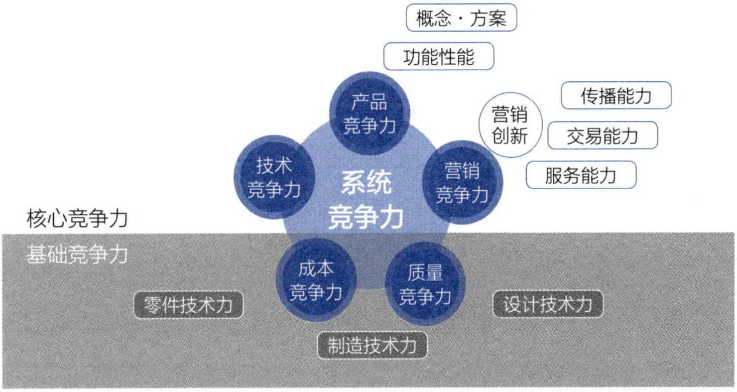


企业综合竞争力提升地图

## 智力兴企，赋能中国产业

作为智囊机构，我们非常重视技术原创，二十年来，零牌顾问机构开发和建设了拥有自主知识产权的知识库，包括技术地图库、课程提纲库、讲义库、练习库、案例库、音像案例库、项目案例库、调查问卷库、试题库、原创文章库、管理书系和音像课程库等。

零牌知识库是零牌专家团队与全球前沿思想和中国本土实践一体化互动的结晶，其开发过程逐步形成了零牌顾问机构的技术创新特色。二十年来，零牌顾问机构从以现场为中心的精益生产逐步拓展到制造人力资源、销—研—产一体化，从接受华南理工大学工商管理学院关于先进制造技术（AMT）和先进制造业（AMI）的研究，逐步拓展到组织变革和企业顶层设计，关于世界级制造（WCM）和工业

4.0的研究，也激发了我们帮助中国企业迈向世界级经营的动力。

不论研究领域如何演变，零牌顾问机构始终以一体化运营为内核，从营销、研发和生产一体化，到战略、流程和组织一体化，再到理念层、战略层和运营层一体化，二十年来，零牌顾问机构与时俱进，取得了一系列理论创新成果，“水样组织”“一体化运营”“跨界工作机制”“逆算营销”“营销标准化”“人才盘点”“降成本作战地图”……这些读来新鲜的工商管理词汇，是切实指导零牌顾问机构推动企业组织蜕变、强化国际竞争力、构建组织DNA的理论武器。

正是有理论体系的创新支持，零牌顾问机构在市场竞争中独树一帜，业务领域从培训、咨询拓展到全球跨界学习、企业家经营塾（零牌木元塾）、全球资源和智慧企业，常客户群不断扩大，从五百强外资企业、民营企业、上市公司到创业型企业，客户生命周期续创新高，零牌课堂也从中国拓展到日本、美国和德国等。

为了更好地助力中国产业，零牌顾问机构的知识产品从课程、辅导拓展到管理书籍、云课程，与客户的互动方式也从单一的线下拓宽到线上，建立了线上线下一体化的辅导和培训交付模式。

在制定第一版企业文化的时候，我们确立的愿景是：零牌顾问机构致力于成就中国管理咨询行业独具特色的顾问公司，成为员工个人成长和事业发展的平台。多年下来，从内心的追求、经营的实践和市场的反馈，我们逐步明确了零牌的特色是道术融合，推进企业三层次一体化，实战落地，持续战略陪伴；零牌人彼此成就、相融共生，由利益共同体迈上事业共同体，迈向命运共同体。

## 零牌管理书系，服务更多的中国企业

早在2003年，担任首席顾问的我就有一个愿望：有朝一日在一家出版社全面出版“零牌领导力书系”，随着零牌顾问机构的发展，这个愿望也日益强烈。2013年，当零牌技术地图库达到100张地图时，突然涌现了出版《零牌技术地图集》的灵感和冲动，我发现：零牌领导力书系该破壳而出了。2015年，零牌领导力书系正式起航，至今已经出版11本。

2020年，中国科学技术出版社诚挚邀请零牌顾问机构将零牌领导力书系拓展为零牌管理书系，包括企业家素质、职能管理、领导力和职业素养四个维度，受众矩阵包括经营层（董事长和总经理）、管理层（中高层干部）和运营层（新时代员工），打通线上和线下，线上内容包括系列有声书、系列电子书和系列视频课，线下开设论坛、读书会和培训。这一想法与零牌顾问机构不谋而合，于是，就有了本次开始出版的零牌全新书系。

零牌管理书系是零牌顾问机构和中国企业的共同平台，不仅是二十年来零牌知识体系建设的结晶，而且是零牌企业客户和优秀学员的经营实践总结，也就是说，零牌管理书系的作者包括零牌专家团队、中国企业家和企业干部。这一定位得到了诸多企业界朋友的热烈响应，泰豪科技股份有限公司前任副总裁刘璋先生、广州市汇奥机电有限公司董事长周祖岳先生等都表达了在零牌管理书系出版专著的愿望。

感怀于二十年来国内企业界对零牌顾问机构的信任和支持，投身国家产业转型和企业蜕变的时代洪流，零牌顾问机构希望以零牌管理书系作为另一种途径，与中国企业互动，与中国企业家互动，与广大干部员工互动，与企业经营管理实践互动。

在零牌管理书系面世之际，我们衷心感谢二十年来关心支持零牌顾问机构的广大客户和学员，我们特别要感谢全国知名培训师万宗平老师，华南理工大学许晓霞、谢菠兰和赖伟老师，中山大学韦小妹、刘正生老师，华中科技大学尹鹤龄和汪琼老师，北京航空航天大学欧阳桃花教授等。

在这里，作为创始人、董事长和技术导师，我还要特别感谢至今仍然奋斗在零牌顾问机构服务一线的赵雅君、怀海涛和梁莹老师，退居二线、默默支持公司发展的创始员工刁爱萍老师，特别感谢曾经为零牌发展做出贡献的聂琳、李宏迎、简建民、黄辉强、谢铨、杨彬誉、袁文、陈汉波、宁静、李煜和张帆等老师，特别感谢方行国际董事长吴培华老师、日本松下电器安本刚基先生、松下创研资深顾问大泽仁老师、日本一桥大学中国交流中心志波干雄教授、日本金桥商务社长杨金峰女士和日本万达旅运社长西内路子女士等事业伙伴。

中国科学技术出版社编辑老师为零牌管理书系的策划和出版贡献了智慧，付出了辛勤的劳动，在此致以衷心的感谢。

零牌顾问机构的赐福之人——松下（中国）前总裁、零牌木元塾塾长木元哲先生，为零牌顾问机构的发展和原创提供了强大的驱动力，做出了巨大的智慧贡献，我们感恩木元哲导师。

零牌管理书系的孕育和诞生，也得到了中国出版界张晓兰、沙林琳、刘颖、冯巩辛、王芹、张杰和王欣等老师的关怀和帮助，在此一并致谢。期待零牌管理书系结合零牌顾问机构的培训、咨询、全球跨界学习、企业家经营私塾、全球资源和智慧企业六大业务，开创零牌顾问机构智力兴企、产业报国的新篇章。

祖 林

零牌顾问机构董事长兼技术导师

# 前言

FOREWORD

## 穿越危机，创造越来越多健康长寿的中国企业

“创业者最终如何对公司负责?”2020年8月，在赤峰市举办的董事长沙龙上，这个问题引发了与会者的深入思考，几经讨论，企业家们最后达成的共识是：将一个具有健康持续发展机制的企业交还给社会，这是公司创始人最终的责任。成功交班是创业者完美退出自己一手创办的公司的最终目标。完美交班包括治理结构完善（不留后患）、企业发展状态良好（没有“大病”）、团队接班（经理人机制）。

这一次董事长私密活动，15位公司创业者以“草根企业迈向公司治理40问”为主要内容，非常充分地谈论了企业代代接力、永续经营的严肃命题，很多问题令在场企业家汗颜。

当前，企业进入经济周期性波动的常态：国内经济增速放缓，全面融入全球经济。全球化倒退，区域经济危机或全球性经济危机，中国人口红利消失，劳动力代际转换，技术迭代和范式转换……错综复

杂的经济因素和非经济因素，使企业经营面临前所未有的不确定性。

新冠疫情之后，中国企业越来越关注企业可持续经营的现实课题。就是在这样的大背景下，以祖林教授、木元哲导师和怀海涛老师为代表，零牌顾问机构应大学、媒体、协会和高新园区之邀，与各地企业家就危机管理、企业文化、战略机遇和线上线下模式等主题，进行了云端分享、探讨和互动，受到各界关注。《中欧商业评论》等媒体纷纷约稿，多家出版社都希望零牌顾问机构将相关内容整理成书正式出版，为广大中国企业和企业家提供借鉴。

本书以“强健体质、提高组织免疫力”为主题，从事业继续计划、植入危机应对基因、萃取精神文化、调整战略假设、抓住战略机遇和奔向线上线下一体化模式六个方面，系统阐述了迈向长寿企业的可鉴之道。

### （1）用事业继续计划指引企业有序渡过危机

出现危机以后，首先要避免损失扩大和二次灾害发生，紧接着就要尽快恢复业务——现金流停止越久，企业越危险。事业继续计划（Business Continuity Plan，BCP）通过危机管理四步走，指引企业尽快恢复业务、恢复现金流，帮助企业从容应对。

“应对危机是有章法的，越重大的紧急事态，领导者越要镇定”，木元哲先生说，应对危机是战略行为，必须上升到生死攸关的高度进行决策，与危机共处，平时就要制定BCP，这是企业持续活下去的有力保障。

### （2）在企业文化中植入危机应对基因，用文化增强思想免疫力

最怕的是企业丧失对危机的敏锐度，尤其是度过创业期、进入快速发展期和稳定期的企业，很容易沉浸在过去的成功带来的自我满足当中，危机往往出人意料地突然降临。华为三十二年经历了四次大的危机，松下幸之助一生经历了三大经营危机，正是这样的经历，令华为和松下两家企业都有强烈的危机意识，在组织中注入危机应对的力量。

无数生生死死的企业案例表明：没有危机应对基因的企业文化是有重大缺陷的，是危险的。如何将危机应对基因植入企业文化？从六个维度着手：抓住并创造关键事件，领导者的危机洞察和应对行为，建立危机应对机制，常态化地进行风险管理，建立必要的战略储备，积极地推进组织新陈代谢。

不但要有危机应对基因，同时要有完整的企业文化体系，用文化增强思想免疫力，把危机应对基因植入企业文化，确保大风大浪不死、大灾大难不死；文化指引企业如何正确地经营，避免走歪路、走邪路、走错路；文化缔造未来，企业的可持续经营将有最大的战略保障。

### （3）调整企业经营的基本假设，强大战略免疫力

企业如何应对变化？

美国管理大师彼得·德鲁克认为：创办企业和进行商业运营是基于某种假设。市场的稳定性是相对的，市场的不确定性是绝对的。应对不确定性的唯一武器就是创新，也就是创新是企业家的特定工具。

假设能力是企业经营团队的必备能力。企业家通过环境洞察，认知环境变化，调整基本假设，识别新的机会，推动商业逻辑调整、商业结构调整等组织变革。

剧烈变化时，从社会、社会结构、市场、客户和技术五大方面洞察环境假设的变化；基于新的环境假设，调整对组织使命的假设；基于新的使命，调整组织所需核心能力的假设；将假设能力和商业逻辑能力缔造为组织能力——缔造新的核心能力的过程，就是企业转型的过程，也是战略制定和执行的根本。这三个步骤非常清晰地说明了企业是如何应对变化的。

经营是面向短期的，战略是面向未来的，战略就是为了实现持续发展，不断优化收入结构。企业的成长、成熟是从假设能力开始的，最终发展为经营理论能力。战略决策基于假设，环境变了，假设要变，假设变了，战略要变。所以战略是相对稳定、动态调整的，战略也是一种能力，假设能力是战略能力的源泉。

### （4）抓住正在涌来的战略机遇、建立新的肌体免疫力

把世界的变化当作机会，用机会的眼光去对待危机。危机时期，怎么抓住正在向我们涌来的机遇、开拓公司的未来？

既有的需求还在，新的需求又涌现出来。从五个“看”去寻找机会：看客户、看市场、看行业、看同行、看政府，机会就在外面，比的是速度。先行动、再思考，从客户和产品的二维矩阵用产品开发九宫图着手抓住新机会。

用“三步法”快速构建新的赢利体制，这是抓住战略机遇的现实之道：第一步，明确公司的愿景，让它成为全员共同的追求；第二步，为了实现这个愿景，还要明确所需要的独特能力；第三步，为了缔造这种独特能力，企业还要创建学习型的组织。

在抓外部机会的时候，要无私地为客户着想，不要计较自己的收益，不要用私心来判断，只要能做的，马上就去做。快速试错，是战略能力的最佳来源。

快速进行战略试错要设立战略止损线。快速实施、快速验证、快速调整、快速整合，一旦超越能量就要快速撤退。在先行动、再思考的同时，建立快速试错的能力，企业在化危为机的过程中，组织的肌体免疫力得到快速提高，更能适应变化，更能抵御风险。

遭遇危机是不幸的，对于企业却是一个生死大考，如果企业有这样的战略定力、战略自信和战略举措，又知道如何去抓住机会、缔造公司新的赢利机制，就一定可以活出一片新天地。

### （5）奔向线上线下一体化模式，创造企业免疫新体质

纯线下企业已经难以适应时代的要求，企业如果没有线上能力将难以生存，企业的领导者要马上做出开发线上能力的战略决断，要断然行动，带领团队向线上进军，拓展线上线下一体化的运营模式，最终实现经营可视化，迈向智慧企业。

在企业通向客户的价值流程当中，信息流拉动工作流、工作流拉动物流、物流拉动资金流，企业通过资金流动实现资金增值。无论是B2C

还是B2B的企业，都要建立线上营销、线上交付和线上服务的能力，最终打通全价值链。过去传统企业是通过线下推动线上，现在，企业要通过线上拉动线下，才能实现快速流动的目的——因为客户都跑到线上去了。疫情常态下任何企业都必须具备线上运营的能力，这样才可以加速信息、加速工作流、加速物流和加速资金流，最终放大资源价值。

领导者要做出开发线上能力的重大决策，带领团队向线上进军。投入资源进行可视化经营的信息系统建设，建设企业经营的“仪表盘”和“驾驶舱”，使企业的业务流、现金流和风险线一目了然，便于及时的人工介入，使具备组织力的这辆“智能汽车”更安全地驶向未来。经营可视化，建设线上线下一体化模式，创造企业免疫新体质，大步迈向智慧企业。

一次疫情危机，所有中国企业都经历了这次“大考”，体质孱弱的企业在疫情中倒下消失，体质强壮、有极端环境生命力的企业迎来了新的机遇，更多的企业则是在历史风雨中强身健体、自我免疫，从危机应对和奋斗图存中锻造组织的生命力。

有别于常见的战略、流程和组织思维，本书从组织免疫力的角度，在业务持续性、危机应对基因、思想免疫力、战略免疫力和肌体免疫力五个维度进行了企业可持续经营的探讨，希望对中国企业穿越危机有所帮助，希望各界共同努力，创造越来越多健康长寿的中国企业。

祖　林

2020年8月28日，广州

# 目录 CONTENTS

第一章

# 如何用事业继续计划指引企业有序渡过危机？

在全国人民众志成城抗击新冠肺炎疫情的关键时刻，很多企业尤其是企业领导迫切希望知道从组织角度如何面对疫情；作为咨询机构，我们也希望尽快提醒中国企业：应对疫情要系统化，不要忙中出乱、顾此失彼。

也就是说，再意外、再紧急的事情，做的时候都要有章法。

有条不紊地计划和行动，利用好这个机会，以战代练，把团队的危机应对机制建立起来，把员工的凝聚力、战斗力激发出来，变坏事为好事。

这次疫情危机创造的风险管理和危机应对经验，为中国企业填补了管理机制和组织力量的空白，为企业可持续经营补上了宝贵的一课。

# 一、放眼百年，危机是企业发展的常态化遭遇

为什么要想到这一点呢？

人的一生很长，80年、90年的时间，会碰到各种各样的危机事件。其实，做企业也一样，百年企业、百年风云，大风大浪不死、大灾大难不死，才成就今天的长寿企业。

也就是说，企业长寿的根本条件，就是要有在任何极端环境下都能活下去的能力。

## 1. 重视组织力量建设，谋求长期经营

风险与经营同行。居安思危，平时就要建立有效的风险管理机制，这是那么多企业生生死死得到的教训。没有主动建立风险管理机制的企业，利用好危机事件被动地建立也是一件幸运的事情，因祸得福。

组织力量的建设，有的时候是企业主动进行的，有的时候是被动进行的。

我们从对日本长寿企业的研究中也发现，要常态化地进行风险管理，最重要的就是要有“事业继续计划”。

"事业继续计划"英文全称是Business Continuity Plan，简称BCP，这是我们希望带给中国企业的最重要的借鉴。面对危机，事业继续计划帮助企业从容应对。

## 2. 风险管理是保障企业长期经营的根本

首先，什么是风险管理呢？

举个例子来说：日本松下公司一定级别的高层干部，每个人都要随身携带常备应急药，其中就包括应对禽流感和SARS的预防药，所有的药物到期都要更换。

一家公司的领导层尽量不要全部坐同一个航班出差，这些看起来是国家领导人的风险防范准则，在很多跨国集团是同样被遵守的。其实，这也是风险管理的一个措施。

狭义的风险管理是为了不让风险发生，广义的风险管理还包括危机管理，也就是对于已经发生的风险采取有力措施，将损失降到最小。疫情应对，就属于危机管理，所有企业都要意识到：我们公司正处在危机状态。

也就是说，风险管理应该常态化、机制化。

## 3. 建立三大风险管理机制

企业的风险管理机制（图1-1）包括三大方面：一是战略风险管

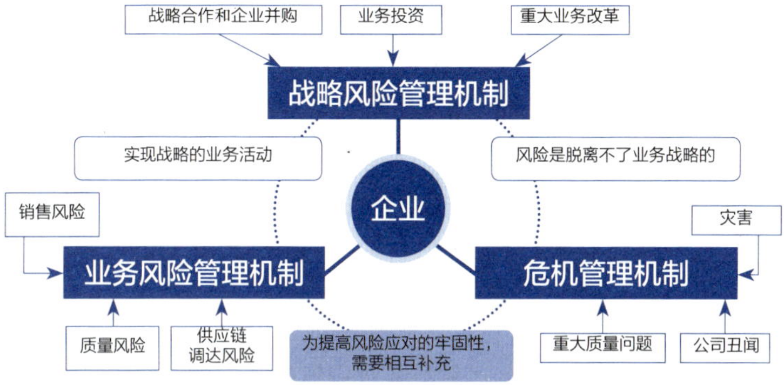


图1-1　企业风险管理机制

理机制，二是业务风险管理机制，三是危机管理机制。为了提高风险应对的牢固性，这三大机制需要相互补充。

先说说战略风险管理。任何战略活动都摆脱不了与之随行的风险，战略风险管理主要针对业务投资、重大业务改革、战略合作和企业并购。

业务风险管理主要针对销售风险、质量风险和供应链调达风险，如汽车召回事件、食品中毒事故等。

危机管理主要针对重大质量问题、公司丑闻和灾害，如SARS期间的企业应对、营销团队集体辞职、钢铁厂爆炸事故等，可能是内部原因造成的，也可能是外部原因波及的，企业处于生死攸关的状态。

### 4. 危机管理机制在生死时刻发挥关键作用

下面，重点说说危机管理机制，尤其是面对疫情的时候企业如何有效应对。

现在，几乎每个日本企业都常态化地管理战略库存，包括口罩、医用酒精、防护服和某些药物等，一些在其他国家不被重视的物品也在战略库存当中。

这些都是基于事业继续计划而配置的，这是企业风险管理机制的行动表现。危机是长寿企业的常态化遭遇，灾害是企业危机最常见的来源，往往猝不及防，危机管理机制在生死时刻发挥关键作用。

## 二、危机突袭，领导者的战略情绪给员工信心和力量

面对疫情这样的大灾大难，企业应该怎么办呢？

### 1. 危机面前，领导者的淡定给人信心和力量

当风险突如其来的时候，不要慌张，要处之泰然。

危机当前，领导者的镇定至关重要。沉着应对、此役必胜的定力

能给员工信心、增添团队的勇气，在这一战略情绪和心理氛围下，来制订详细的应对计划，尽最大的努力将危害降到最小的程度。

这里用了“战略情绪”这个词，也就是说，应对疫情是战略行为，必须上升到生死攸关的高度进行决策。这一点，对于企业领导者和管理者是至关重要的。

## 2. 成立危机应对委员会

应对突如其来的危机，我们怎样淡定地应对呢？

首先要成立公司层面的危机应对委员会，要认识到在疫情期间，复工和经营面临特殊的制约，既要防疫情，又要跟过去一样接单、生产和交付。后文的建议，都是基于这一前提。

灾害是长寿企业的常态化遭遇，今后，危机应对委员会应该常态化存在和运作。

## 3. 以事业继续计划为指引，淡定应对危机

应对猝不及防的危机，通常按照四大阶段来进行：一是制订确保员工安全的行动计划；二是制订防止二次发生的行动计划；三是制订恢复业务的行动计划；四是制订确保业务继续的行动计划。

也就是说，这个时候要由前到后考虑到四个方面才是周全的：一是确保员工安全；二是防止二次发生；三是恢复业务；四是确保业务

继续。这四步，统合起来叫作事业继续计划，目的是尽快恢复业务运作，确保公司现金流并对供应链稳定做出贡献。

以事业继续计划为指引，在疫情时期，要面向未来3个月，以安全复工、恢复业务为目标，企业怎么做才能万无一失、快速复产呢？

建议按四大阶段稳步推进（图1-2）：第一阶段是安全复工；第二阶段是疫期安排，也就是疫情期间的工作安排，这个阶段只是做准备；第三阶段才是逐步恢复业务；第四阶段是进入正常的经营。

由于疫情带来的线下限制，企业的组织要从纯线下向“线上+线下”转型，用线上运营拉动线下运营。

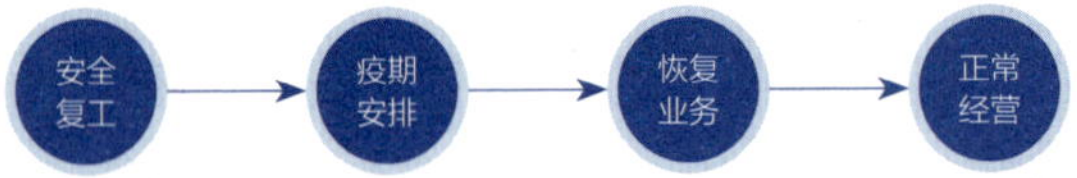


图1-2　疫期企业复工复产四大阶段

## 三、事业继续计划四阶段法，危中图存、恢复现金流

为了让大家能够全面地理解安全复工、快速复产的四大阶段，我们用“企业疫期复工一页纸指南”进行说明（图1-3）。

疫期复工的四大阶段又分别有五个方面的工作内容：

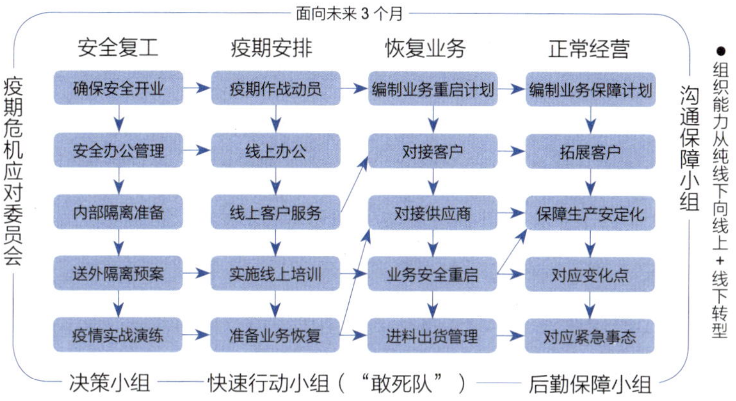


图1-3　企业疫期复工一页纸指南

安全复工阶段，需要做的五个方面：确保安全开业，安全办公管理，内部隔离准备，送外隔离预案，疫情实战演练。

疫期安排阶段，需要做的五个方面：疫期作战动员，线上办公，线上客户服务，实施线上培训，准备业务恢复。

恢复业务阶段，需要做的五个方面：编制业务重启计划，对接客户，对接供应商，业务安全重启，进料出货管理。

正常经营阶段，需要做的五个方面：编制业务保障计划，拓展客户，保障生产安定化，对应变化点，对应紧急事态。

这里要特别强调一下，在疫情期间要尽量减少聚集。有些员工在外地不能及时回来复工，也有些虽从外地回来了，但要居家隔离14天的。这个时候，无论是在公司的还是不在公司的，应该都到线上去，利用这次机会，把组织能力从“纯线下”向“线上＋线下”

转型。

先说一个大前提：在启动复工之前，首先要组建有决策能力、能调动资源的高级别应对组织，包括决策组、快速行动小组（也称“敢死队”）、沟通保障小组和后勤保障小组。建立正式的信息沟通渠道（包括线上的和线下的），使内部和外部信息快速畅通，消除员工的不安，确保有效的动态决策。

公司要对全体员工进行紧急动员，普及疫情知识，让员工理解防疫的重要性，给员工信心和力量，确保所有员工如实汇报自己的身体状况和行踪，做到不隐瞒、不漏报，让全体员工认识到现在是危机应对时期，进入作战状态，瞬时响应公司指令。

接下来详细说明四大阶段、二十个方面。四大阶段，每一个阶段都有目标和操作说明；二十个方面，每一个方面也都有目标和操作说明。

## （一）第一阶段：安全复工

对于已经确认安全前往公司上班的员工，公司要在办公环境、室内卫生、员工自我保护和异常应对等方面制定详细的指引，并监督员工执行到位，千万不可大意。

**这一阶段的总目标是：确保员工安全，防止二次传染发生。**

也就是说，这个阶段，什么时候恢复公司生产和运营并不是最重要的事情，拿出万全之策确保员工安全、从根本上防止二次传染发生，这是公司活下去的前提。否则，后果不堪设想。

## 1. 确保安全开业

疫情出现之后，首要的任务是确保员工的人身安全，这个时候的威胁是可以人传人的超级病毒，必须采取最坚决的行动隔离毒源、阻断传播。对于已经发现的疑似病例、确诊病例和密切接触者，要用最快的速度、最安全的手段实施隔离，之后进行观察和救治。这一切都要有足够的敏锐度、可靠的信息、专业的判断和领导层的决断力。

**这一步的目标是：杜绝“不安全员工”回公司，防止二次传染发生。**

疫期各地政府都制定了非常明确的复工条件，建立了复工审核批准机制，各个企业一定要遵照执行，不可麻痹大意，不能有侥幸心理，不能放过任何一个隐患。

如果有足够的敏锐度，判断和行动不是太难，关键是要周全考虑，避免顾此失彼。这个时候需要领导力。

在强有力的领导者组织下，经过团队讨论，制定万全之策，拿出确保员工安全的行动计划，达成共识、形成文件，分工配合、协同行动。

遵循专业规范和政府要求，因为是人员聚集，经过确认的“安全员工”回公司上班，一定要做足功夫，提早准备、规范出勤，安全地重回公司空间。

为了杜绝无症状感染者和疑似病例回公司，外地员工回到公司所在城市后，要居家隔离7～14天才算得上是“安全员工”，具体根据当地政府制定的标准执行。

## 2. 安全办公管理

遵照政府复工的条件，做好周全方案和充足准备，确保上班途中、在公司办公、外勤（外部流动作业）、下班途中和班后留守公司等全过程的安全管理，防止二次传染发生。

**这一步的目标是：确保上班安全，防止二次传染发生。**

## 3. 内部隔离准备

开辟公司内部专区，以备不时之需，做到一旦需要，能够有效隔离疑似病例和密切接触者。打通外部渠道，编制送外隔离预案，做到一旦需要，能够获取外部的专业支持，快速识别疑似病例和密切接触者。

**这一步的目标是：建立专业的隔离能力。**

## 4. 送外隔离预案

编制预案，做到一旦需要，可以安全、高效地将密切接触者进行社会化隔离，将疑似病例安全地送到社会机构进行确诊。

这一步的目标是：建立安全的送外隔离能力。

做准备和编制预案的时候，要从5M1E六大维度，也就是从人员、设备、物料、方法、环境和测量系统这六大现场管理要素，明确在内部隔离、送外部隔离和送出疑似病例的操作标准和所需要的资源保障，确保万无一失。

编制预案和计划的时候，还要用5W3H（When、Where、What、Who、Why、How、How many、How much）将行动计划具体化，也就是明确在什么时间、什么地方、做什么事情、谁去做、工作目标、怎么做、做到什么程度以及费用预算等。

进行内部隔离准备和编制送外隔离预案的时候，还要考虑到对于需要流动作业的快速行动小组成员和后勤保障小组成员，要有万无一失的安全措施。

也就是说，一旦出现必须隔离的情形，在员工停止流动之后，还需要一部分同事流动作业，包括前面提到的“敢死队”、后勤保障小组、沟通保障小组，还有公司领导层和干部也要流动，这部分员工的安全也要考虑到，这样才周全。

除此之外，还要考虑到被隔离员工的时间管理、日程安排和心理疏导等，让员工安心配合。

## 5. 疫情实战演练

根据内部隔离准备和送外隔离预案，考虑到各种情形，进行实战化演练，一是强化大家的危机意识，二是建立专业化的安全处置能力，三是出现疑似病例时员工能敏锐响应、安全隔离。

**这一步的目标是：建立组织化的疫情应对能力。**

有一个真实的案例：2003年严重急性呼吸综合征（SARS）疫情期间，北京松下彩色显像管有限公司出现了感染者，他们就是用上面说到的方法阻断了病毒传播，保障了员工安全。其中一栋宿舍被紧急征用为隔离区，一百多个员工被封闭隔离七天，一日三餐、垃圾处理和后勤保障都是由几十个员工组成的“敢死小分队”负责。

## （二）第二阶段：疫期安排

开工之后并不能立即投入生产运营，而是做前期准备。此期间，要安排好员工工作。

**这一阶段的总目标是：让员工安心，恢复组织运转，准备恢复业务。**

### 1. 疫期作战动员

上面提到要对全体员工进行紧急动员，这是让大家知道现在是疫情时期。

现在要再次动员，主要内容是：全体要进入危机作战状态，疫情期间的安全要求、工作安排、沟通渠道、后勤保障、变化点管理和紧急事态如何对应等。

**这一步的目标是：让员工上班安心，保持警惕。**

这个时候，不能忘记了还在外地或居家自我隔离的员工。

在疫情还有很大的不确定性的时候，我们必须再三叮嘱员工自我保重、保护家人，每天要跟进每一位员工的所在城市、身体状况、出行计划、有没有特殊情况等，通过微信群接龙或者线上表格填写等进行无遗漏的管理，必要的时候要电话跟进。

也就是说，复工之后，部分员工不在公司，增加了管理的难度，这个时候企业要进行异地管理，一定要线上工作、网络化工作。

危难时刻，把员工安全放在第一位；危难时刻，更要凝聚人心，与员工共渡难关，避免核心人才流失。

## 2. 线上办公

紧急完善公司的线上系统，包括线上办公、线上服务和线上活动，组织全员安装、调试和优化，实战培训，快速进入全球线上办公状态。

**这一步的目标是：开始线上工作，减少线下聚集。**

根据不同的工作场景，选择合适的线上办公软件，包括OA、QQ、微信、钉钉和腾讯会议等。疫情期间，建议每天在线上开早会。

## 3. 线上客户服务

全体动员，集思广益。紧急构建公司的线上客户服务体系并立即启动，通过做的过程，获得客户的配合，逐步熟练化、效率化。

这一步的目标是：建立线上客户服务能力。

## 4. 实施线上培训

疫情期间，就算是在公司办公的员工，也尽量减少人员聚集，不论有没有恢复业务，建议每天做一次小的线上培训。可以是内部讲师的培训，也可以是外部讲师；可以是线上直播，也可以回看现有的线上课程。

建议企业使用腾讯会议、钉钉，或者在千聊等平台开设企业直播间，也可以使用微信群直播、录播。

所以，企业要快速建立内部讲师的线上授课能力。

这一步的目标是：建立线上培训能力，线上培训常态化。

## 5. 准备业务恢复

根据订单情况，着手准备恢复业务的相关工作，确认订单计划，从5M1E六大维度进行全面盘点，发现不足的资源立即补足，并根据实际情况预估产能（开工率）。

这一步的目标是：创造恢复生产和交付的条件。

这个时候要现场现物，领导者要发挥统率力，高层干部身先士卒，中基层干部带领一线员工都要动起来，全面准备，做到没有死角。

准备恢复业务的时候，不能只考虑公司内部，还要考虑到相关方，包括供应商、物流、动力供应、后勤保障和社区、政府等。

毕竟是疫情时期，会有很多条件制约，提早预想、预演，一件一件落实。

## （三）第三阶段：恢复业务

这个时候，首要的难点是：资金充足吗？能不能度过几个月的经营休眠期？公司三个月没钱进，发工资的钱准备了吗？如果长达六个月，怎么办？

现在，大家应该更理解了吧，我们是在制订事业继续计划（BCP），一切要按最坏的情形来准备，之后才是往最好的方向去努力。

这一阶段的总目标是：打通供应链，恢复业务、恢复正向现金流。

应对这样的危机，没有钱可不行，公司经营陷入休眠状态，给员工发工资、给员工基本保障，这是企业的责任。

所以，公司平时就要抓客户回款。没钱进，怎么会有钱花呢？平时不存钱，战时怎么办？

## 1. 编制业务重启计划

编制这个计划的目标，是在安全的前提下，尽快恢复生产运营和出货交付，保证公司有现金流入。从本质上说，就是要恢复公司的现金流。否则，长期现金流中断，企业会死的。

**这一步的目标是：输出可行的业务重启计划。**

刚才也提到，企业花过去的积蓄来应对突然出现的经营休眠，积蓄不够，公司就要筹集资金，这是输血；尽快恢复业务、恢复现金流，其实是造血。

编制业务重启计划，第一段时间要实现从0到1，也就是生产运营能够正常搞起来，实现一定量的交付，这个时候生产能力是低于正常产能的（＜100%）。

第二段时间就是将交付能力逐步提升到正常水平（100%），也就是从1到10。

以这个为目标，编制业务重启计划，以大营销和大生产为中心，信息部门、人力资源、后勤保障部门、财务部门和技术部门全面支持，保障持续的生产和交付。

围绕快速恢复生产这一目标，以订单出货为中心，从5M1E六大要素着手，逐一落实人员到位、设备运转、物料供应、现场作业、环境管理、测量系统和物流配送。

这个时候还会关联到外部的供应商、动力供应、后勤保障和客户等，其中，动力供应包括水、电、气、煤、油和蒸汽等，后勤保障包括医用品和粮、油、菜等。

可以说，打赢这场“战疫”是一个系统工程，必须在最短的时间内进行动员，快速反应。

为了克服可能的重大障碍，可以按照经营资源进行应对，应对的基本方针是这样的：

（1）对于建筑物：寻找可替代的办公室，可以在家上班，还要考虑寻找替代工厂、替代仓库等。

（2）对于生产设备：寻找可替代的生产设备，增加必要的库存，确保足够的储备品。

（3）对于人员：寻找替代人员，可以采用轮岗制、办公室人员支援一线生产等方式。

同样的，编制恢复业务的行动计划，也需要将5M1E和5W3H做成文件，确保公司各个部门在同一个计划指导下有序地工作，不要乱。

再介绍一个案例：2011年泰国大洪水发生之后，因为短时间不能恢复生产，很多在泰国的丰田供应商用最快的速度把模具运回日本国内，找到相关工厂快速生产，所需要的熟练工人都是从泰国工厂派遣过去的。

这样的产能转移能力，如果不是之前有预案、经历过，是难以解不时之需的。中国企业在未来也需要建立在全球范围内快速转移产能的能力。

## 2. 对接客户

领导者要跟客户的高层对接，营销负责人要和对口高管对接，全面开启客户端的工作窗口。

**这一步的目标是：恢复接单渠道，确定第一周订单。**

跟客户建立非常时期的工作机制，通过线上工作，跟客户确认复工情况、生产计划，有没有实际困难，需要我们提供什么帮助；接下来落实客户给我们的首批订单和之后的接单机制，知道眼前要生产什么、后续要生产什么。

总之，就是要打通业务的前端，持续获得订单。

## 3. 对接供应商

领导者要跟供应商的高层对接，采购负责人要和对口高管对接，全面开启供应端的工作窗口。

**这一步的目标是：恢复供应渠道，确定第一周采购订单。**

跟供应商建立非常时期的工作机制，通过线上工作，跟供应商确认复工情况、供应能力，有没有实际困难，需要我们提供什么帮助；接下来落实对供应商的首批采购订单和之后的下单机制，知道眼前要生产什么、后续要生产什么。

总之，就是要打通供应链的前端，持续获得物料供应。

### 4. 业务安全重启

全面确认出货计划和生产条件，统一指挥、统一调度，确认安全和一切就绪，下令开启生产，执行第一个订单。

这一步的目标是：第一批出货，恢复交付能力。

### 5. 进料出货管理

重启业务之后，物流环节要跟踪进料和出货，因为涉及外部人员，既要有确保员工安全的防疫措施，还要管理好外部人员。

这一步的目标是：安全、顺畅地进料和出货。

## （四）第四阶段：正常经营

这一阶段的总目标是：把实际交付稳步提高，进入正常经营状态。

首单出货之后，业务逐步恢复，这个时候还不可大意，非常时期，系统还是脆弱的，稍有不慎或者意外就容易造成生产中断，因此，对安全、生产和供应的稳定性仍须保持警惕，要持续跟进和管理。

## 1. 业务保障计划

要保障业务持续进行，从整个供应链的角度，从全面生产要素、后勤保障和异常应对等方面周全考虑，用5W3H将行动计划具体化。

这个计划，一定要考虑到疫情时期的特殊性。

市场的前端是客户，供应链的前端是供应商，中间是企业自己，还有周边的园区、社区和政府部门，要全面打通来考虑。

**这一步的目标是：输出书面化、电子化的业务保障计划。**

## 2. 拓展客户

正常经营的前提条件，是有持续的订单。所以，首先要挖掘存量客户的需求，获取更多的订单；还要同步进行新客户的开发，获取新的订单。

停止开发新客户，就意味着企业开始衰退，要激发全员营销，在营销团队带领下、以客户为中心，向服务型组织转变。

**这一步的目标是：持续获取订单，创造持续的现金流。**

## 3. 保障生产安定化

有持续的订单，还要有持续的生产交付。

为了持续生产，要保障五大安定化：现场安定化、人员安定化、设备安定化、供应安定化和质量安定化。

“安定化”就是精益生产当中的“安定化生产”，在这个阶段，制订确保业务继续的行动计划，目标就是正常时期的生产保障。

通过精益生产，用最快的速度、最低的成本实现准时制交货：在客户所需要的时间、所需要的地点，提供客户所需要的产品和所需要的数量，不要多也不要少、不要早也不要迟。

**这一步的目标是：安定化生产，持续稳定地向客户交付。**

所以说，精益生产是企业经营的必修课，目的是用最快的速度、最低的成本实现准时制交货。

## 4. 对应变化点

实施标准化作业的同时，要加强对变化点的管理，避免生产交付中断。

变化点就是异常状态、不良趋势和重大事故等，比如人员异常、设备故障、用错物料、工艺条件不适合、安全隐患、检测系统出错等。

**这一步的目标是：及时对应变化点，消除不稳定因素。**

干部员工要时刻保持敏锐度，从5M1E的角度，及时发现变化点，有效地对应，及时消除变化点可能产生的负面损失。

## 5. 对应紧急事态

疫情时期，时刻警惕出现病例或疑似病例、重大安全事故、重大质量事故和周边重大事件等紧急事态，一旦发生，立即启动预案，确保安全、减少损失，尽快恢复正常。

**这一步的目标是：瞬时对应紧急事态，确保安全。**

在参与公司层面的复工计划的同时，营销、研发、生产、人力资源、行政后勤、财务和信息系统等各大职能，还要做好部门层面的工作安排，结合疫情时期的特殊情况，做出相应的调整。

### 知识点　长期的风险管理要点

（1）所有物料要有两个以上的供应商，追加合理库存，确保物料供应通畅。

（2）建立双重备份的信息系统，确保公司数据安全。

（3）总公司和集团要展开横向管理，对巨大风险点进行排查、做出调整，预防可能的大危机。

（4）更加重视现金流，优化客户结构，果断放弃回款慢、没有信用的客户；优化供应商，确保供应安全；再造业务流程，加速公司的现金流动，增加自有资金。

2019年12月，中国“隐形冠军”企业代表团赴日本研修，到专业生产锡焊材料的千住金属工业株式会社学习，当时接待的负责人奥野哲也先生介绍说：在经历过地震、洪水等灾害之后，千住金属常态化地保持足够的铜、锡和柴油等库存，建有自备发电系统，这些库存能够保证公司在没有外部供应的情况下继续生产一个月。

日本是一个多灾多难的国家，日本企业经历的灾害危机相对较多，这也造就了它们严密的风险管理机制，值得借鉴。

## 四、与危机共处：平时就要制订事业继续计划

风险管理是战略层面的工作，这也是为什么上市公司要在董事会设立风险管理委员会的原因。风险管理不当，就会造成危机；危机应对不当，就会造成灾难。

事业继续计划并不是出现危机的时候才要做的，平时就要制订事业继续计划。

制订事业继续计划是非常必要的，平时有准备，战时才不慌乱，这是企业持续活下去的有力保障。

**案例：福岛核事故改写日本汽车全球产业链布局**

福岛核事故发生在日本东北地区，那场出现海啸的地震在日本被称为东北大地震。

日本东北地区在本州岛的北部，是汽车产业的聚集区，有500多家汽车零部件供应商。由于产业链的分工，有的是整车厂的二级供应商，有的是三级供应商，这是典型的金字塔型的供应链。

随着市场竞争，汽车零部件行业不断进行重组，在不知不觉中，少数企业变成了钻石型的供应商，最具代表性的就是瑞萨电子。在汽车整车厂呈金字塔形的一级、二级供应商下面，个别物料又集中到一两家同时为众多汽车品牌供货的供应商中，虽然处在四五级供应商的卑微位置，却对整个汽车链的安全供应起着决定性的作用，也就是说人们最容易看到的金字塔型（正三角形）供应链的下面，还有一个钻石型的供应链（倒三角形）。

这个时候问题就来了：一辆汽车要用到30～100个半导体，瑞萨电子在汽车用半导体的全球市场占有率是世界第一，最高的时候达到了39%，而瑞萨电子的日本工厂就在发生地震、海啸和核事故的日本东北地区，它一停产，直接影响整个日本汽车的全球出货。

2011年3月东北大地震发生后，日本汽车产业大受打击，因为零部件供应中断，大部分整车生产线停产，丰田汽车3月的有效运转率只有前一年的37%，当年5月恢复到前一年的50%，6月才恢复到70%。

在这次灾难之后，日本汽车企业对所有整车工厂和它们的一级、二级、三级供应商进行了一次彻底普查，用了两年左右的时间就完成了工厂选址的调整：全部都要远离海岸线、核电厂和其他有重大安全隐患的地点和设施。所谓有重大安全隐患的地点，如可能发生泥石流的地方；有重大安全隐患的设施，如化工仓库。把工厂搬离危险的地方，确保有足够的安全距离和应急措施，同时推动行业重组，消除对瑞萨电子这样的钻石型供应商的过度依赖。

在经历大大小小的危机之后，企业要不断总结经验教训，在实践中持续完善危机应对的机制。

在这方面，对国内企业提供三点建议：

（1）平时就要制定管理手册，以备不时之需。

（2）危机发生时马上设立临时机构，加强信息管理，防止损失扩大化。

（3）危机发生后要快速修复，使业务活动得以继续。

第二章

# 企业文化如何植入危机应对基因、用文化增强思想免疫力？

风险管理和危机应对的问题，上升到最高层面思考，其实是企业文化的问题，也就是企业有没有风险意识和危机应对基因。虽然民营企业已经经历了长时间的经营，但仍然有很多企业内部处于自我满足、缺乏变革的氛围，在企业文化中植入危险意识和危机应对基因成为中国企业的当务之急。

# 一、战战兢兢、如履薄冰，危机感必须渗透全员

青年作家王耳朵先生在2020年2月新冠疫情期间发表了一篇公众号文章，标题是《疫情复工首日，2亿人“失踪”：这是中国人最深刻的一次集体修行!》，这篇文章阐述了六个观点：

① 健康力才是一个人最大的能力。

② 有套房是一切生活稳定感的前提。

③ 你不能穷到没有存款。

④ 禁足后才知道 99% 的社交是无用的。

⑤ 一辈子太长，要和有趣的人在一起。

⑥ 不要迷恋深夜的酒，一定要喝清晨的粥。

王耳朵先生在文章最后说：灾难过后，愿你能成为一个有好身体、有风险意识的人，与有趣的人在一起。愿你有房子，也有积蓄；愿你既看重身边人，也远离无用的社交与关系。

## 1. 企业要从过日子到长寿

个人如此，做企业不也是这样吗？经营体质好，才能抗过大灾大难，对应上述六个观点，企业家应该想到的是：

① 企业经营要健康：流动性永远要好，这是最大的免疫力。

② 虽然不一定要高楼大厦，自有物业是企业稳定感的前提。

③ 重视自有资本的比率，要有足够的公积金，不过度举债。

④ 经营要务实，不要无效社交。

⑤ 永远跟优秀的客户在一起，不断优化客户结构。

⑥ 勤俭经营，像日本企业一样，永远极限式地降低成本。

过日子、做企业，平时就要有危机意识。

## 2. 员工没有危机感，问题出在领导者身上

可是，很多企业领导者都有一种中国式的烦恼，有人说：战战兢兢、如履薄冰，每一天我都有强烈的危机感，但是员工却完全没有危机意识，该吃吃、该喝喝，得过且过……

员工该吃吃、该喝喝并没有错，得过且过就不应该了。

员工没有危机感，怎么办？

问题出在老板身上，建立团队的危机感、组织的危机感，还得老板自己动手。不但要有危机感，还要渡过危机；不但要渡过危机，企业还要长寿；长寿就要有长寿基因，这个长寿基因，就是危机应对基因。

# 二、把危机应对从应激反应转化为长寿基因

什么是企业的文化基因呢？

美国管理大师、密歇根大学商学院教授诺埃尔·蒂奇（Noel M. Tichy）首先提出“企业基因”的概念，企业是一种活的非自然生物体，与生物一样有自己的遗传基因。正是这企业的遗传基因，决定了企业的基本稳定形态和发展乃至变迁的种种特征。

“企业基因”理论在20世纪90年代提出之后，引起了很大反响，使得全球的企业文化建设研究和实践进入了新的阶段。同样的企业之间的差别是由少数关键基因决定的。

## 1. 企业长寿的奥秘：经历一次次危机，不断提高免疫力

为什么有的企业寿命很短，两三年就倒闭了？为什么有的企业寿命很长，一百年甚至几百年长盛不衰？

危机出现之后，企业不但要活下去，还要永远活下去，也就是要长寿。因为危机过后，企业免疫力更强了，能够抵挡更多的极端恶劣环境。

正所谓百年企业、百年风云，大风大浪不死、大灾大难不死，才成就今天的长寿企业。也就是说，企业长寿的根本条件，就是要有任何极端环境下都能活下去的能力，危机应对基因是企业的长寿基因。

### 2. 企业文化进化：与时俱进，植入新的基因

基因有遗传、有突变，突变之后继续遗传；没有危机应对基因的企业，就必须植入，企业才能长寿。

危机不是长寿企业的特殊“待遇”，1987年创立的华为，成立至今经历了四次大的危机，几乎每八年就有一次危机；日本经营之神松下幸之助，一生经历了三次大的经营危机。

把危机意识融入骨髓，建设企业软实力，这是组织建设的重要目的之一。从六个维度着手，植入危机应对基因，是从实践当中总结出来的非常有效的方法。

## 三、从六个维度着手，在文化中植入危机应对基因

抓住危机事件带来的宝贵机会，将危机应对基因植入企业文化，可以从六个维度着手，如图2-1所示。

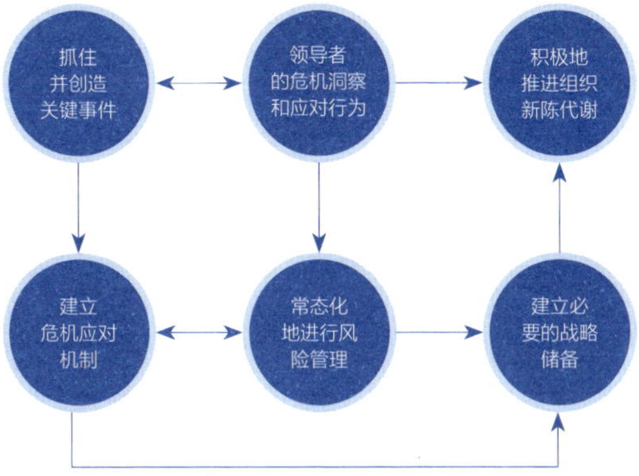


图2-1　植入危机应对基因

## 1. 抓住并创造关键事件

关键事件是植入危机应对基因的先决条件。没有危机意识的企业，需要重大危机事件的巨大冲击，才能产生文化基因的突变。被动激发出来的新基因，是突变；主动激发出来的新基因，就是植入。

比如说：传统做纯线下业务的企业，一般都没有互联网基因，可能在受到市场巨大冲击后转型为线上、线下一体化模式，基因突变，有了互联网基因；也可能是企业主动转型，逐步植入互联网基因。

大部分企业，危险应对基因都是通过遭遇一次又一次危机而突变的，也有一些企业是自主植入的。美国企业重视在顺风顺水的时候主动推进战略转型、组织变革，所以他们的抗风险能力比较强。为什么日本企业那么重视依靠自有资金来经营和发展，就是因为它们经历过关键时刻缺钱花的苦。

我们来看华为的例子，华为经历了四次危机。

**案例：华为的四次危机**

第一次，是2002年“华为的冬天”。1987—2001年，华为连续13年业绩增长，2002年出现史无前例的负增长，同时任正非还患了抑郁症。当时华为已经是全员持股，员工突然意识到自己投入到公司的钱可能会血本无归，人心惶惶。

第二次危机，是2008—2009年，华为面临的舆论压力与人心危机。2008年国家新劳动法出台，规定工作10年以上的员工，企业应该与其签订无固定期限劳动合同，某种意义上说，没有特殊情况，企业不能解雇员工，必须终身雇用。

而华为人力资源的三大原则是：干部能上能下、员工能进能出、工资能高能低。新劳动法的实施，给华为的人力资源原则带来了巨大冲击，怎么办？

华为采取的方法是：花钱买断7 000名员工的工龄，重新签合同。这一举措被媒体炒作成华为挑战劳动法，甚至全国人大法工委也发声，说华为这项举措无效。一时间华为内部人心浮动，危机重重。

第三次危机，是2013—2014年互联网冲击下的行业危机。任正非几乎是被自媒体“围攻”：任老板是不是老了？他还能不能适应互联网的要求？很多员工认为华为商业模式过时了，应该去做互联网。企业再次人心浮动。

第四次危机，是2018年至今的孟晚舟事件，华为面临美国等国家力量合围，危如累卵，目前危机都还没有完全解除。

不只是华为，被公认为一生幸运的松下幸之助，人生也遭遇了三次大的经营危机。

**案例：松下幸之助人生三大经营危机**

第一次是1929年爆发了世界性的经济危机，与日本国内两年前发生的金融危机叠加在一起，市场一片萧条。松下库存激增，经营陷入困境。

第二次是1945年，松下被勒令停止经营。在第二次世界大战期间，松下被日本政府强征，被迫生产军用木船和木制飞机，战争结束后松下被GHQ（驻日盟军总司令部）认定为“财阀”，松下公司等待清算，松下幸之助则被限制行动自由。

第三次是1966年的热海会谈。1964年东京奥运会后，日本经济萧条，松下销售乏力，代理店大面积亏损，松下面临销售渠道分崩离析的巨大危险。

令人欣慰的是：华为现在还“活着”，松下也过了一百岁了。究其原因，就是它们都利用好每一次危机，把它创造为公司发展史上的关键事件，构建系统的风险管理机制，植入危机应对基因。

与华为和松下不同，日本三得利公司是主动创造关键事件、植入危机应对基因。

**案例：三得利为什么做啤酒?**

三得利本来不做啤酒。创立于1899年的三得利最早是生产和销售葡萄酒的，1929年开始生产和销售威士忌，开创了日本洋酒文化的先河。由于三得利在日本洋酒市场一家独大，赚得盆满钵满，这种情形持续下来，三得利内部开始失去斗志和危机感。

三得利的领导层意识到这一问题，于是在1963年进入竞争白热化的啤酒行业，与传统实力很强的朝日、麒麟和札幌三大品牌展开竞争，市场占有率从0开始逐步提升，最近20年一直维持在10%左右，排名第四。

有意思的是，从1955年到1985年连续30年市场份额下滑的朝日啤酒，在1986年抱着“救命”的希望找到三得利，请求三得利把自己收购，三得利的领导层竟然说：三得利进入啤酒行业是为了激发企业危机感，不只是为了赢利，也不想做大。

为了激发员工的危机感而进入一个可能不赢利的行业，这在全世界应该都是极少见的。创造关键事件，为三得利植入了危机应对基因。

## 2. 领导者的危机洞察和应对行为

领导者是企业的精神领袖，企业文化在前期都是企业家文化，俗称“老板文化”。领导者的危机洞察和应对行为，是基因植入的第二个维度。

企业文化一般会经历五大发展阶段（图2–2）：第一阶段是生存目标导向，就是要活下来，这个阶段没有什么文化特征，或者说，就是“活下来”的文化；随着持续经营，企业开始出现越来越明显的文化特征。第二阶段是规则导向的企业家文化，俗称“老板文化”；第三阶段是绩效导向的团队文化，不再受企业家的个人能力和因素影响；第四阶段是创新导向的企业文化（组织文化），形成创新文化的组织力；

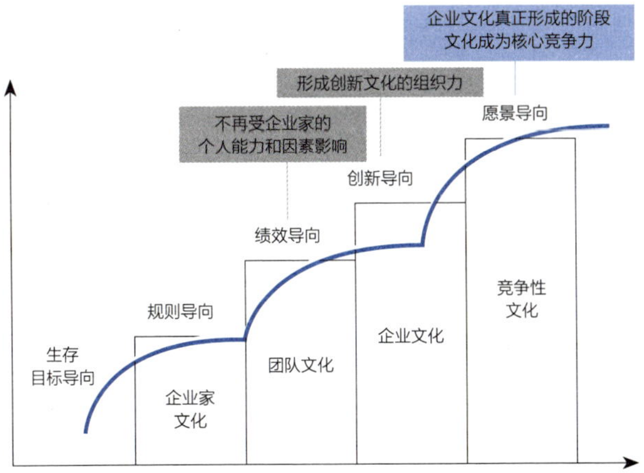


图2–2　企业文化的五大发展阶段

第五阶段是愿景导向的竞争性文化，这也是企业文化真正形成的阶段，文化成为企业的核心竞争力。

利用危机事件植入新的文化基因，就是在塑造团队文化，进而成为组织文化和愿景文化。这个过程中，领导者的危机洞察和应对行为是关键（图2-3）。领导者需要从战略高度、从企业生死的高度判断事态的严重性和急迫性，包括定性判断、战略定力、战略举措和系统行动。

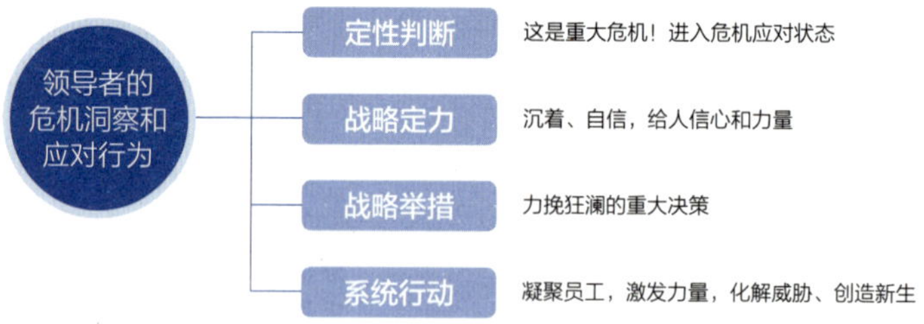


图2-3　领导者的危机洞察和应对行为

在定性判断上，要做出宣告：这是重大危机！还要发出号召：全员进入危机应对状态。

企业家要临危不惧，要有足够的战略定力，沉着、自信，给人信心和力量。

在战略举措上，要做出力挽狂澜的重大决策。

在系统行动上要有条不紊、有章有法，要有逻辑、有结构，令人信服，周全考虑、科学安排，合理处置、真正有效，才能凝聚员工、激发力量，才能化解威胁、创造新的生天。

领导者的危机洞察和应对行为，要表现出足够风范和气魄，领导人要大声说、果断做，还要敲键盘、写文章，迅速动员，使团队进入真正的危机应对状态。

领导者要亲自讲话，让员工亲耳听到；领导者的说和做，载体上要有音频、视频进行传播，形式上要有线上、线下两大路径；领导者要亲自撰写讲稿，要有文件，无论是Word还是PPT；领导者的说和做要全方位地在公司内部同步传播；领导者的说和做，事后要整理、归档，放进企业历史馆。

总之，在危机时期，领导者在内部一定要高调，要让员工感受到领导层在自己身边，有决断、在行动，让员工凝聚在一起。对外要表明态度，包括对客户、供应商、社区、政府甚至社会。适度的信息发布和领导者讲话是非常必要的。

### 案例：松下幸之助的危机思考，融入松下文化

领导者的说和做，会逐步融入团队，沉淀出企业的思考方法和行为准则，形成团队文化。领导者的敏锐逐步变成团队的敏锐，领导者的思维逐步变成团队的思维，领导者的行为逐步变成团队的行为。

松下幸之助的工作哲学当中，有这样的描述："乐观胜过悲观。根据每个人的心态不同，对事物是乐观还是悲观的看法也会改变。看法改变，判断就会改变，判断改变行动就会改变，自

然，结果也将改变。”

领导者的十条须知当中，第8条“平时就具有面对紧急关头的思想准备，面临困难和失败时，将考察一个人的真正价值。是惊慌失措、反复失败，还是转危为安。平时就具有‘居安思危’的思想准备是十分重要的。”这样的想法和做法得以保留下来，在员工当中流传，现在已经是松下语言了。

我们再来看松下文化当中的危机意识，《十条经商须知》当中有三条：

“8. 对商人而言没有萧条。只要总是遵循经商的正道，踏实认真地做好工作，就不会因为不景气或萧条而慌乱。”

“9. 切实做好收款和支付。平日里做好收款和支付。这样，买卖兴隆的路就会越走越宽。”

“10. 要兴旺就必须进行反思。早晨立意、白天实行、晚上反思。每天这样重复积累就会带来买卖兴隆。”

松下有一条理念，叫作“下雨就打伞”。某次一位新闻记者问道：“松下电器成功的秘诀在哪里？”松下幸之助回答说：“下雨就打伞。”意思是在适当的时候恰当地从事理所当然的活动，这是经商成功的秘诀。

松下还有一条理念，叫“水库式经营”。水库通过拦截和蓄积河水，可以不受季节和天气等的影响，经营需要像水库那样，在各个方面都留有余量：资金要有余量，人才要有余量，产能要有余量，技术要有余量，产品要有余量。松下幸之助将这一思想称为“水库式经营”。

领导者的危机洞察和应对行为，逐步成为团队行为文化，团队的危机意识和危机应对能力也得到强化，而且逐步升华为精神文化。

企业文化包括精神文化、制度文化、物质文化和行为文化（图2-4），一般的文化落地路径是从精神文化到行为文化，但是，危机应对基因的文化建设通常是反过来的，先有行为文化，再升华为精神文化，之后再落地为行为文化。

极端条件下的特殊举措在深层次刺激员工，形成持久的记忆和组织应激反应能力。危机中的说和做，会把领导者的危机意识转化为团队的危机意识，逐步形成企业对风险和危机的认识（图2-5）。

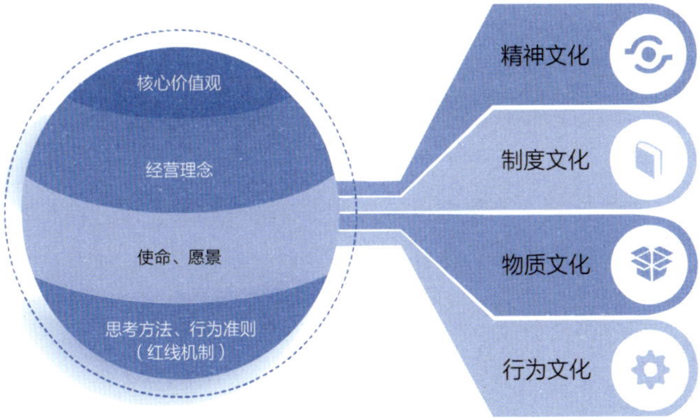


图2-4　企业文化形成路径图

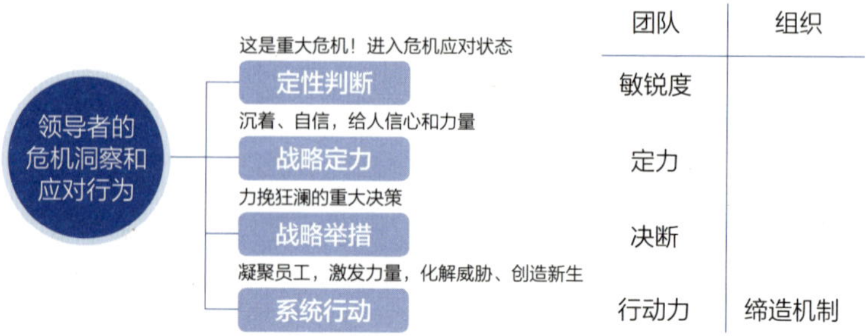


图2-5　领导者的危机表现对团队和组织的影响

## 案例：四次危机树立华为风险观

在华为的四次危机当中，任正非当时是怎么说的？怎么做的？

2001年3月，正当华为发展势头十分良好的时候，任正非在企业内刊上发表了《华为的冬天》，这篇力透纸背的文章不仅是对华为的警醒，还适合于整个行业。接下来的互联网泡沫破裂让这篇文章广为流传，“冬天”自此超越季节，成为危机的代名词。

“公司所有员工是否考虑过，如果有一天，公司销售额下滑、利润下滑甚至会破产，我们怎么办？……我相信，这一天一定会到来。面对这样的未来，我们怎样来处理，我们是不是思考过？我们好多员工盲目自豪，盲目乐观，如果想过的人太少，也许就快来临了。居安思危，不是危言耸听。”

光说还不够，领导者的危机行动，还要转化为组织的危机管理机制。

第一次危机，2002年“华为的冬天”，华为是靠运气渡过的：美国的艾默生公司，以大约60亿元的价格购买了华为的通信电源业务，客观上救了华为。

第二次危机，2008—2009年的舆论压力与人心危机，华为在内部展开“奋斗者文化”大讨论，确立“以客户为中心，以奋斗者为本，长期持续艰苦奋斗”的目标，诞生了“深淘滩，低作堰”“力出一孔，利出一孔”，渡过这场人心危机，捍卫了公司的核心价值观。

第三次危机，2013—2014年互联网冲击下的行业危机，任正非用“铁皮管道”和“水”比喻移动通信装备与互联网的关系，用战略定力使整个团队冷静应对互联网。

第四次危机，2018年至今的孟晚舟事件，华为及时进行了人事调整，对孟晚舟主管的工作进行补位，同时稳定全球供应商。任正非亲自出面，理性阐述，不说多余的话，保持了足够的克制、自信和风度。

非常时期，非常举措。领导者的危机表现对团队和组织有最直接和最深远的影响，对危机的定性判断激发团队的敏锐度，领导人的战略定力提升团队的定力，领导者做出的战略举措会强化团队的决断，应对危机的系统行动刺激团队的行动力，也在缔造组织的危机管理机制。目前，华为已经树立了明确的风险观：企业如同植物，根扎得越深才能越强大。

## 案例：松下幸之助如何渡过三大经营危机?

第一次危机，也就是1929年的世界性经济危机，松下的措施是：生产减半，出勤减半，不解雇任何一名员工，全员销售。一个月不到的时间，库存销售一空，订单大增。

第二次危机，是1945年松下被勒令停止经营，幸之助闭门思考：人类为什么有战争？由于民众集体抗议，公司被定为非财阀，松下幸之助恢复自由，松下公司重启经营。在1946年，松下幸之助创办了PHP研究所，研究如何通过繁荣实现和平与幸福。

第三次危机，是1966年的热海会谈。面对严峻的局面，松下幸之助重新出山，董事长兼任营业本部长，改革营销体制、整顿营销渠道，消除了串货、实现了价格稳定，重新获得代理店老板们的信任，而且推出了分期付款业务，开启消费金融事业。

危机方显领导者本色和担当。今天，世人皆知的全员经营、终身雇佣制、水库式经营和共同生存共同繁荣等经营理念，都是危机应对沉淀下来的精神财富。

热海会谈是松下幸之助遭遇的第三次经营危机，改革不合时宜的机制，重建合作方信赖，使松下摆脱了重大的信任危机。根据松下（中国）官网和笔者在松下工作期间获取的信息，松下幸之助在危机中的思考和行动确实可圈可点、值得借鉴。

1961年，由社长（总经理）退任会长（董事长）的松下幸之助，从公司的日常运作中抽身而出，将自己的工作地点迁到了京都的别邸“真真庵”。虽然从企业经营的第一线退了下来，但是，作为“人物传记中的主人公”，采访和讲演邀请还是纷至沓来，松下幸之助每天仍然在繁忙中度过。

（1）敏锐洞察市场动向和经营危机

1964年东京奥运会后，日本经济萧条，曾经年增长30%的家电行业一下子停滞了，空前的家电热潮逐渐趋于平淡，进入了发展缓慢的时期，这是1950年以来首次出现大面积企业减收减益，亏损的企业剧增。

1964年初夏，松下幸之助一边阅读着报告书，一边陷入了沉思，他对由于高速成长而导致的投资过热和不正当竞争感到忧虑，凭借着多年来的经验，松下幸之助敏锐地从报告的数字中捕捉到收益下降背后所隐藏的严重事态，他察觉到松下电器的经营正在走入僵局。

（2）果断召开代理店恳谈会

松下幸之助决定召开全国代理店社长恳谈会。不久，各营业所长就接到了来自会长突如其来的指令，“请所有营业所长陪同销售公司以及代理店社长参加恳谈会”，会议地点设在热海。

会议的前一天，前来确认会场的松下幸之助要求重新摆放椅子。

于是，摆满整个会场的椅子被重新调整，摆放成交错排列，保证从每一排的座位与座位之间能够看到后面一排的与会人员。

站在讲台上进行确认的松下幸之助还要求把讲台升高，以便能够更好地看到整个会场的情况。

发出邀请函之前，松下幸之助就告诉事务局（会务办公室，编者注）说“此次会议不要设定结束时间”“不要安排议题”。同时，松下幸之助计划在会议当天亲手把写有“共存共荣”的彩色纸交给每一位与会人员。为此，他每天都抽出一些时间在二百多页彩色纸上写下了“共存共荣”四个大字。在松下幸之助的心里，有着这样非比寻常的决心：“尽管没有什么好的解决办法，但首先要彻底地交流和沟通”。

（3）恳谈会风云突变

1964年7月9日，松下电器全国销售公司代理店总经理恳谈会（热海会谈）如期在日本热海新富士屋饭店召开，会期为时三天。会议期间，松下幸之助站在台上的时间合计长达十三个小时。他认真听取了销售公司和代理店总经理们的不满和要求，从大家的谈话中得知，在一共一百七十家销售公司和代理店当中，维持赢利的仅有二十余家，竟然有超过半数的销售公司和代理店都在因为亏损而苦恼不已，之前对于事态的隐隐不安得到了印证。

难道这不是因为销售公司和代理店自己努力不够而造成的结果吗？松下幸之助不禁产生这样的疑问，针对与会者们的言辞，他忍不住进行强烈的反驳。恳谈会风云突变，松下幸之助听着大家的发言，阐述着自己的意见，一直感觉非常的矛盾。大家各执己见，总也达不成一致，会议不知道何时才能结束。进行到第三天的时候，大家发现这样下去根本无法产生结论。

松下幸之助受到了极大的冲击，但同时也抱有一线希望。他向大家提出呼吁：“疾病重在早期发现，努力治疗。这次会议就是我们会诊的一个机会。希望我们能够在这里进行相互诊断，请健康的人发表保持健康的秘诀与大家一起分享，供大家参考，不健康的人相互探讨各自想到的治疗方法，一起努力让这次的会议能取得真正的收获。”

（4）顿悟后的鞠躬

“请大家安静！事不成，均在我！企业经营不顺利都是我的责任，松下电器对不起大家！”台上的松下幸之助突然向所有与会人员深深鞠躬致歉，这让大家都惊呆了，原本吵吵嚷嚷的会场一片寂静。

松下幸之助说道：“现在不必再说是谁对谁错的问题了，大家所讲都有各自的道理，追究对错没有意义。为了打破现状，为了回报过去各位客户对松下的信赖，松下电器一定会加倍努力。诸位客户一直以来对松下电器惠顾有加，现在的松下电器却未能回报，我深感愧疚，我们决心改变这种局面。”

这番话让大家感动得热泪盈眶，刚才还是充满批评和责难的会场顿时变成了一片团结的氛围。

(5) 锐意改革，经营起色

热海会谈结束后的第三个星期，松下幸之助亲自出任代理营业本部长。“松下幸之助重返一线、东山再起”引起了社会上一片哗然。但是幸之助对此毫不介意。在因病疗养的营业本部长的桌旁摆放了自己的桌椅，每天到公司去上班。

松下幸之助推出了三项改革措施：一地区一销售公司体制，事业部、销售公司间直销体制，新的月销制度。大刀阔斧的改革自然会引发各方面的利害冲突，松下幸之助亲自上阵，每天为寻求理解而四处奔走。

说起来容易做起来难——松下幸之助认为这次改革必须要先做到所有相关人员都形成统一的认识。带着这种想法，无论是销售公司还是代理店，他一直诚恳执着地说明直到博得全场的一致掌声和赞同为止。通过一遍又一遍的沟通与交谈，不久之后，新的销售制度终于步入了正轨，销售公司和代理店低迷的经营也出现了起色，松下电器与全国经销商重建信任、稳固合作。共赢合作创造信用力，这是松下幸之助直面第三次经营危机的“法宝”。

1965年，受到政府颁发“二等旭日重光勋章”表彰的松下幸之助，又被全国的松下经销公司和代理店赠予了“天马行空像”。这是大家对抱着“共存共荣”这一坚定信念并果断实行改革的松下幸之助充满感谢和信赖的象征。

## 3. 建立危机应对机制

紧急建立危机应对机制，是植入危机应对基因的第三个维度。

灾害带来的危机是长寿企业的常态化遭遇，没有主动建立风险管理机制的企业，利用好危机事件被动地建立也是一件幸运的事情。现在是事后被动应对，今后是主动防范。建立危机应对机制（图2-6），用事业继续计划（BCP），迈出系统防范风险的第一步，做到急而不乱、周全应对，创造危机应对的成功案例，被动地建立风险管理机制，也可以进入主动状态。危机突然发生之后，利用事业继续计划（BCP），冷静科学地应对；有了第一次经验，再主动建立事业继续计划（BCP），常态化地实施，并拓展为系统的风险管理机制。

一部分企业活动的停止会对整个社会产生影响。直面危机，使企业经营活动得以继续，确保所在产业的正常运转，这是企业的社会使命。

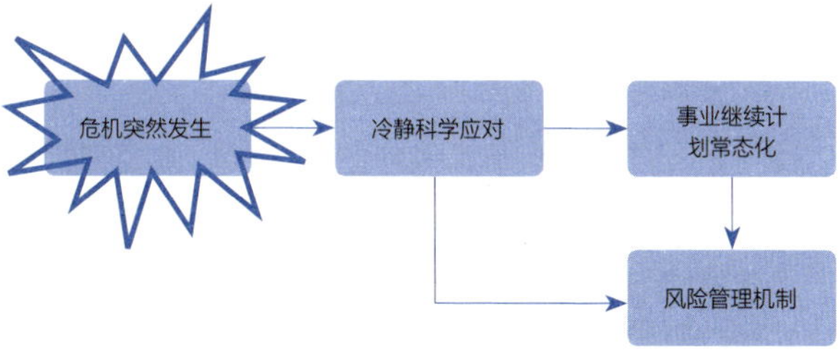


图2-6 建立危机应对机制触发机制

供应商和客户的安心感是与企业的稳定息息相关的，如果不能渡过危机，企业会失去客户、失去供应商；危机应对能力强的企业，会受到客户和社会的高度评价，有利于提高企业价值。

## 4. 常态化地进行风险管理

风险管理应该常态化、机制化。

那么，企业的风险管理机制要怎么构建呢？

针对常见的风险来源（图2-7），从战略风险管理机制、业务风险管理机制和危机管理机制三大方面进行建设。战略风险是由经营决策所引发的，业务风险潜藏于日常业务中，而自然灾害，则潜藏于大自然，风险管理不到位就变成危机。为了提高风险应对的坚固性，战

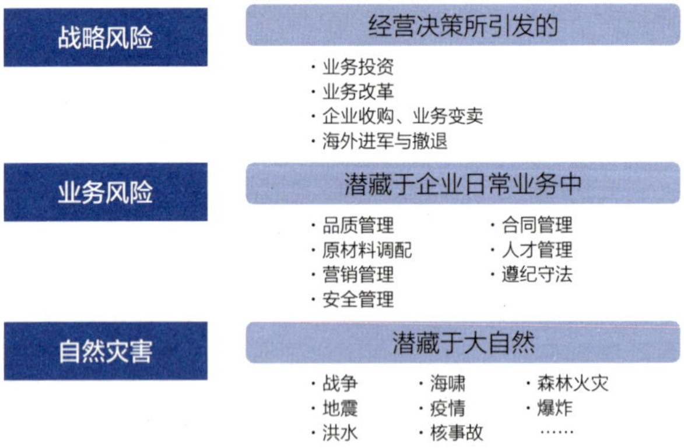


图2-7　企业常见的风险来源

略风险管理机制、业务风险管理机制和危机管理机制需要相互补充。

怎么样才能系统地构建企业的风险管理机制，把风险管理到位呢？

我们提供一个六步法，用六个步骤来进行（图2-8）。

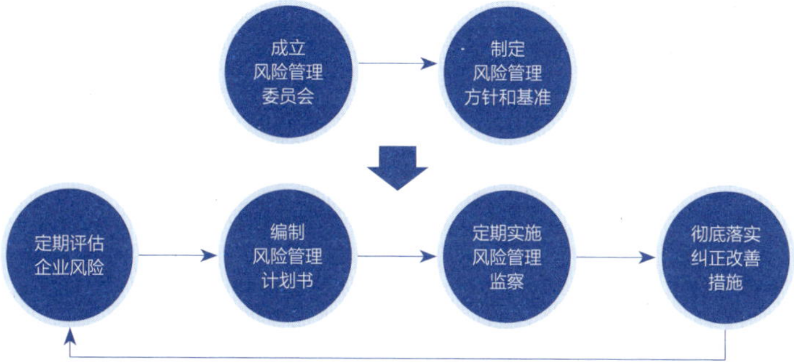


图2-8　系统构建风险管理机制的六步法

（1）第一步，成立风险管理委员会。公司要常态化地存在风险管理委员会，重大危机出现时，立即启动特别行动小组，组建有决策能力、能调动资源的高级别应对组织，包括决策组、快速行动小组、沟通保障小组和后勤保障小组。建立正式的信息沟通渠道（包括线上的和线下的），使内部和外部信息快速畅通，消除员工的不安，确保有效的动态决策。

（2）第二步，公司制定风险管理方针和基准，包括风险的定义、风险管理的目的和风险管理的方法。

松下公司对风险的定义是：风险就是给公司带来失败的原因，一切阻碍达到业务目的的主要原因都是风险。

风险管理的目的是提升业务价值，松下公司认为“消除失败原因”和“创造成功条件”是企业经营的两个轮子。风险管理要让利益相关方安心，务必事前想好对策、降低风险。

风险管理的方法是：①风险调查和评估：每年一次，列举影响企业经营的风险，用世界通用标准进行评估；②制定对策，确定企业的重要风险；③对重点风险进行监控，进行月度管理。

（3）第三步，是定期评估企业风险，包括外部要因带来的风险、业务流程要因带来的风险和内部环境要因带来的风险，评估之后要列出企业风险清单。

可能给企业带来风险的外部要因通常有十类，分别是自然灾害、事故、公共事故或犯罪活动、社会纠纷或混乱、法律法规或商业惯例的变化、市场的变化、竞争状态、客户和消费者的变化，还有社会谣言和非政府组织投诉等。

可能给公司带来风险的业务流程要因通常有十三类，分别是：产品和服务、运输和物流、物料调达和产品调配、市场、销售、外部调配、劳动安全、就业、信息系统、财务、宣传和投资家关系、资产保全、环保和合规经营。

可能给公司带来风险的内部环境要因通常有四类，分别是：公司治理、上传下达、人才、组织和企业文化。

定期进行风险评估，列出风险清单，还要评估风险的严重程度。这个时候的评估，有定性和定量两种方法。

定性的方法是根据对风险控制能力的强弱，和风险影响度的高低，把风险分成笼中之虎、野外之虎、笼中之猫和野外之猫四类（图2-9），识别之后，分别采用管理保证、降低风险、资源再配置和测定累积的影响进行对应。

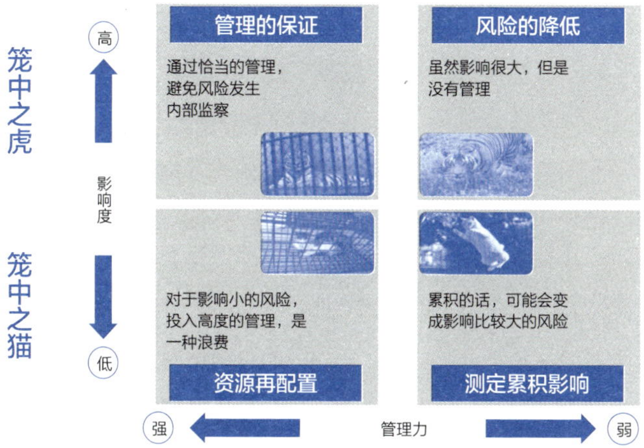


图2-9　定性的风险评估方法

定量的风险评估方法，是从风险对于企业经营的影响度以及风险发生的可能性进行数字化的评价（图2-10）。例如，根据对企业经营的影响度分低、中、高三个标准，损失10万元以下是轻微影响，损失10万元到300万元为中度影响，损失300万元到1 000万元是重大影响，其定性标准分别为应急医疗、入院事故和死亡事故。

又如，根据风险发生的可能性分低、中、高三个标准，发生频率分别为很少、中度和经常，从数字标准判断，分别是几年1次、每年1次和每月1次。

例　对于企业经营的影响度

| 水平 | 影响度 | 定量标准 | 定性标准 |
|---|---|---|---|
| 高 | 重大 | 1 000 万元 | 死亡事故 |
| 中 | 中度 | 300 万元 | 入院事故 |
| 低 | 轻微 | 10 万元 | 应急医疗 |

发生的可能性

| 水平 | 发生频率 | 标准（例） |
|---|---|---|
| 低 | 很少 | 几年 1 次 |
| 中 | 中度 | 每年 1 次 |
| 高 | 经常 | 每月 1 次 |

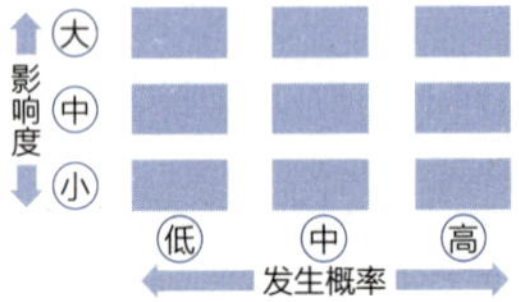


图2-10　定量的风险评估方法及案例

（4）第四步，每年都要编制风险管理计划书。针对识别出来的风险，要规范每一类风险的管理基准，编制风险管理基本计划书，以它为基准，每一年都要制订每一类风险的行动计划。

风险管理基本计划书是基准文件，规范风险管理的要求，参考案例见图2-11。

## 风险管理基本计划书

年　　月　　日
CEO　　　　签名
CRO　　　　签名

以下述计划书为基础、实施______年度的风险管理。

**1. 对应风险**
以风险评估结果（____年__月__日）为依据，特制定并实施____年度的风险对策……
①委托方的管理
②信息安全
③……
④……

**2. 风险对策**
①委托方的管理
风险概要　　委托方曾因丑闻影响到敝司业务
风险战略　　选择降低风险的战略
风险管理目标　　制定本司制定的管理规定的宣誓书
风险对策概要　　制定管理规则，制定宣誓书，并提交敝司
期限　　　　年　　　月末日
责任部门　　　　总务部总务科

②信息安全

图2-11　某企业风险管理基本计划书

风险管理行动计划书是行动文件，明确当年度每一项风险管理的行动方案，用5W3H法落实各项工作，参考案例见图2-12。

## 风险管理行动计划书

编制日期：　　年　　月　　日
对应风险　　委托方的管理
风险负责部门　　总务部总务科
实施负责人　　签名
批准人：　　签名

| 风险管理目标 | 所有供应商，均需向敝司提交管理规则宣誓书 |
|---|---|
| 1. 风险对策的详细计划 | 制定管理规则<br>①委托方的盘点<br>②委托方的合同内容确认<br>③制订管理规则方案 |
| 2. 风险对策的日程安排 | 制订管理规则方案　　年　　月　　日<br>总务部部长认可管理方案　　年　　月　　日 |
| 3. 所需资源（成本） | 人工费：员工____人、____万元<br>委外费：某某咨询公司、____万元 |
| 4. 评估指标 | 评估指标：收到了____%的委托方宣誓书<br>行动指标：是否按照日程推进计划 |

图2-12　某企业风险管理行动计划书

（5）第五步，每年定期实施风险管理监察，确保公司风险管理的目的是妥当的，风险管理的体制也是妥当的（表2-1）。

表 2-1　风险管理监察要点

| 监察目的 | 监察步骤 |
| --- | --- |
| 目的的妥当性<br>☆ 企业战略与风险管理方针是否一致<br>☆ 风险影响度的妥当性<br>☆ 风险管理的必要性和妥当性 | ☆ 评估业务战略和风险管理方针<br>☆ 评估董事会风险管理委员会议事录<br>☆ 对领导层和管理层进行调查<br>☆ 对员工进行调查 |
| 体制的妥当性<br>☆ 风险管理体制是否完备<br>☆ 风险管理流程是否完备<br>☆ 与最有效方法的比较 | ☆ 评估风险管理体制图<br>☆ 评估风险管理的职务分工<br>☆ 实施最有效方法的研究调查 |

其中，关于风险管理的目的是否妥当，主要是确认企业战略与风险管理方针是否一致，对风险影响度的判断是否妥当，风险管理的必要性和妥当性是否做到位。

对于风险管理体制是否妥当，主要监察内容是：管理体制是否完备，管理流程是否完备，有没有跟进风险管理的最有效方法。

按照PDCA的四大阶段（表2-2）实施风险管理的监察，P阶段是确认风险调查、风险评估和基本计划是否完备，D阶段是确认风险对策的计划和实施是否做到位，C阶段是确认风险管理的时候是否会自我评估，A阶段是确认纠正和改善活动是否做到位，四大阶段分别有相应的监察步骤。

续表

**表 2-2　定期实施风险管理监察的 PDCA 四大阶段**

| | 监察目的 | 监察步骤 |
| --- | --- | --- |
| P | ■ 风险调查的妥当性<br>■ 风险评估的妥当性<br>■ 基本计划的妥当性 | 风险调查结果，评估结果的评估<br>相关部门董事或者管理层的采访<br>基本计划书评估<br>风险管理委员会检讨基本计划书的议事录评估<br>业务相关的，最近的动向，业界信息，相关信息的研究与调查 |
| D | ■ 风险对策・计划的妥当性<br>■ 风险对策・实施的妥当性 | 对风险管理程序评估<br>对风险对策详情（新规则下的业务流程）的评估<br>到现场对风险对策的实施状况进行确认<br>对相关部门、干部和董事进行采访<br>确认与业务密切相关的调查和研究，如行业信息 |
| C | ■ 自我评估的妥当性 | 对自我评估结果的评估<br>对相关部门董事或者管理层的采访 |
| A | ■ 纠正和改善活动的妥当性 | 对董事会或者风险管理委员会议事录的评估<br>对纠正和改善活动结果的评估<br>对相关部门董事或者管理层的采访 |

（6）第六步，每次风险管理监察之后，都要彻底落实纠正改善措施（图2-13）。

关于风险管理，公司每年要制定基本方针、制订基本计划，每年实施相应对策，对执行结果进行监督，发现问题及时纠正和改善。注

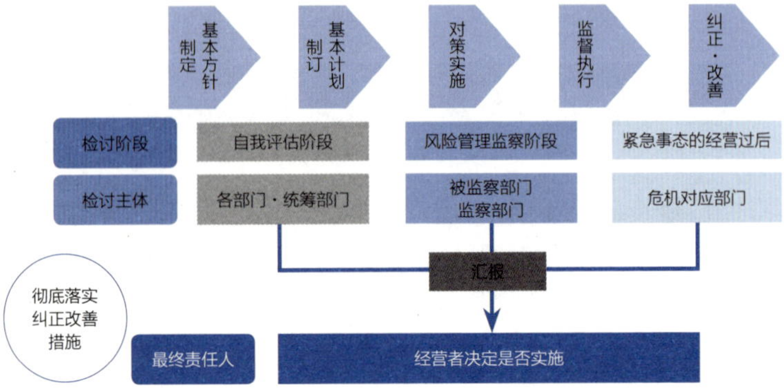


图2-13　彻底落实纠正改善措施过程图

意：纠正是当时的纠错，改善是从源头上防止问题再次发生。

每次风险管理监察之后，各个部门、风险管理的监察部门和危机对应部门都要向公司最高领导书面报告，由最高责任人批准实施。

用六步法系统地构建企业的风险管理机制，这是一项必须坚持的长期工作，目的是做到求发展、保安全两个轮子同步。

## 5. 建立必要的战略储备

风险管理还有一个重要的方面，就是确保必要的战略储备。除了正常时期的安全库存，还要建立非常时期的战略库存，比如，维持一个月生产的所需战略物料、安全必需品、生活必需品和其他战略必需品。

备荒备战，就是危机教育。建立必要的战略储备，这是植入危机应对基因的第五个维度。风险管理是要有投入的，一定要做正式的预算。在企业可持续经营的天平上（图2-14），一头是风险，如果对策不充分，直接造成经营损失；另一头是成本，如果要对策充分，则需要有人、财、物等资源的投入。

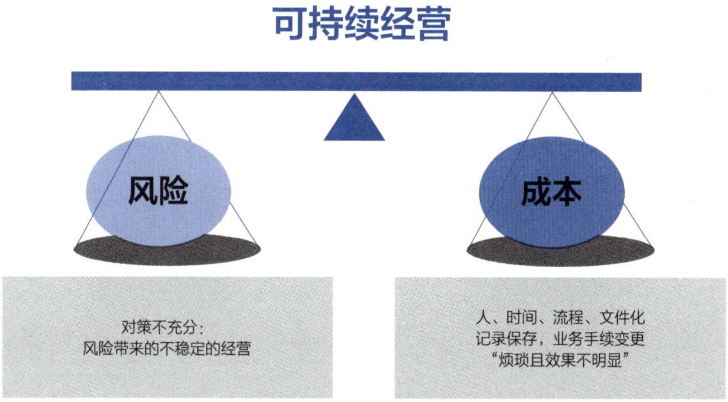


图2-14　企业可持续经营天平

投入资源进行风险管理的意义，就在于用有限的资源投入抵消可能的风险损失。适当的风险管理投入是一种保障，不能只是当一般成本来对待，这是战略性投入。有战略性投入，才有未来。

## 6. 积极地推进组织新陈代谢

将危机对应基因植入企业文化的第六个维度，就是积极地推进组织的新陈代谢，保持组织肌体的活力，适应环境的风霜雨雪和地震海啸，具体来说，就是要保持员工队伍的新陈代谢：持续引进新鲜血液，持续壮大中坚队伍，持续淘汰跟不上发展的落后员工，用中期战略常态化地进行再创业，维持奋斗者文化和团队奋斗状态，使组织一直处于变革创新、与时俱进的成长状态。

**案例：华为组织智慧：用2-7-1机制推进组织新陈代谢**

华为用三高体系践行组织使命，用2-7-1机制配套三高体系，持续推进组织新陈代谢，避免组织产生惰性、麻木、腐化和退化。

（1）三高体系：高目标、高业绩、高收入

三高体系是指对应企业（组织）的使命、责任和能力创造团队的高目标、高业绩和高收入，也就是根据企业确立的使命，明确当前阶段公司的发展责任，将对社会的担当落到实处，根据这一责任梳理出所需要的组织能力。将企业使命具体化、数字化，制定企业发展的高目标；用高目标拉动生产，创造高业绩，这是社会担当的结果性评价；根据高业绩，公司对团队以高收入作为回报，高收入是以奋斗者为本的三大途径（有利、有位、有面子）之一，也是对团队能力的结果性评价。

（2）打造配套三高体系的核心机制

为了将高目标、高业绩、高收入的三高机制落到实处，华为构建了个人业绩承诺（PBC）机制、2-7-1机制、多元化激励机制和标杆上量方法论作为系统配套。

PBC机制将战略任务进行分解，签订战略目标责任书，编制PBC绩效运行管理办法。

2-7-1机制将员工表现分为20%优秀、70%良好和中等、10%不合格，对于10%的末位员工，根据不足程度进行提示、预警、约谈或淘汰。

多元化激励机制不但有车、房、全球跨界学习和家庭福利等非常实惠的奖励，还有专项奖励、多元化补贴和火箭晋升等非常刺激的手段，最高层面还有事业合伙人和股权激励，通过多元化激励计划实施，全方位激发员工的奋斗状态，支撑三高达成。

标杆上量方法论包括三步：第一步是打造上量标杆，探索赢利的高效方法论；第二步是组织上量模式研讨会，确定上量模式优化方向，进行上量模式落地规划；第三步是将上量模式通过试点打造成标杆，并有效复制。

通过上述机制，使团队以组织状态进行兵团作战，团队能力逐步转变为组织能力。

（3）2-7-1机制：细胞式新陈代谢，实现组织整体成长

以2-7-1分布为指引，华为采用强制分布法对员工进行个人业绩承诺（PBC）考核，考核结果决定了员工的年收入；每年评出20%的杰出贡献者（A）和优秀贡献者（B+），这部分员工以高

业绩获得高收入；70%的扎实贡献者（B）和较低贡献者/绩效待改进者（C），因为是中等业绩，扎实贡献者得到中等收入，较低贡献者/绩效待改进者只能是低收入；还有10%的令人不满意者/不可接受（D），因为业绩低，公司对这部分员工进行绩效预警、责成绩效改进，或者直接淘汰。

华为建立了透明的PBC绩效考核流程，考核结果好的进行复核与公示，接受员工申诉，确保公平公正、员工心服口服。

不只是华为，早在20世纪80年代杰克·韦尔奇推进美国通用电气改革时，就大胆运用了末尾淘汰制作为企业发展的保障，进行工作业绩和树立自信、简洁、高效的价值观两条线考核。

为了保持组织肌体的活力，企业要常态化招聘，尤其要重视新生力量的导入，每年进行末尾淘汰制，用五年中期战略不断推出再创业目标，永保团队的奋斗状态，持续提高组织免疫力。

## 四、危机是生死大考，将组织免疫力提升落实到方方面面

实施风险管理的好处有很多：对于投资方，可以提升利润，防止丑闻，稳定股价；对于客户，可以持续提供安全、放心的服务；而对

于员工，可以确保稳定的工作环境；对于经营者，可以有效地履行公司的法定义务，避免巨额赔偿风险（图2-15）。

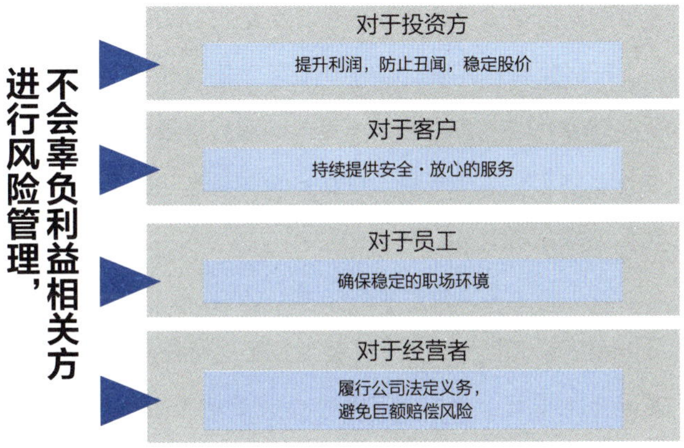


图2-15　实施风险管理的好处

### 案例：日本松下：直面危机，重拾信任、强化信用

在摆脱2000年的经营亏损、实现“V”字形复苏之后，2005年，日本松下又出现了动摇企业社会信用的重大事件——过去制造的产品发生故障，先后造成死亡事故和中毒事故。

（1）使用13年以上产品接连出事

2005年1月，日本福岛县伊南村一名12岁男孩因一氧化碳中毒死亡，其父病危。2月23日，长野县茅野村一对夫妇轻微一氧化碳中毒。4月13日，长野县一美容院中，店主及客人一氧化碳中毒。这些事件的现场，都有松下在1985年至1992年期间生产销售的FF式煤油暖风机，销售数量为152 000台。

FF式暖风机是通过管道从屋子外面吸入空气使煤油燃烧，然后将污浊的空气排向屋子外面。事故的原因是用于吸入空气的非燃性橡胶管发生了龟裂，使煤油不完全燃烧，从而产生一氧化碳气体并泄漏至室内。

（2）松下史上最严重的信用危机

松下于4月21日召开记者会，通过电视和全国报纸报告该产品发生的事故，并宣布了免费修理的政策。遗憾的是，11月21日在长野县，又有一名没有听到产品召回信息、继续使用该型号暖风机的客户死亡，日本经济产业部给松下紧急命令：将产品维修的广告彻底通知所有客户。12月2日，山形市又发生一起检修后产品造成死亡的事故，当天，日本经济产业部对松下发布了将对象产品全部回收的命令。

这堪称是松下创立以来面对的最严重事态。在不足一年的时间，造成3人死亡、6人中毒，公司负有重大责任。一时间，“松下制造和销售杀人产品”的传言满天飞。

“虽然是制造销售后经过13年至20年才发生故障，但毕竟是关系到生命安全的产品设计，实在是太不负责任了。”诸如此类的声音不绝于耳。松下高层当即决定采取全面应对措施。

（3）领导者准确定性，果断处置

时任松下社长的中村邦夫将事故定性为“公司对社会的背信行为”，并称“如果容许事故再发，松下将没有明天！”。

2005年12月7日，中村邦夫破例向全体员工发送了社长通告：为应对事态，将不分部门，向全体员工寻求协助。

12月，因为圣诞节，是岁末商战最高潮。松下决定：为了这个年度大商机准备的所有电视广告，全部替换为该事故通告和该型号取暖机有偿回收（每台退费5万日元）的通知。10天之内在电视上播放了1万6千次以上。

为了让所有使用者能快速知晓信息，从12月13日开始，松下向该产品的销售地区派遣了6 500名员工，他们访问了6万家煤油取暖机销售店，张贴海报，发放了142万张传单。当时松下在日本的员工总数是8万人，也就是派出了8%左右的员工从事这些活动。

（4）地毯式查找，全面回收事故对象产品

2006年1月上旬，松下向日本全国的所有家庭总计寄送了5 687万张明信片，由此，预防事故再发的回活收动开始了。

从承担社会责任的角度来说，这件事故是背离了社会大众的信任，是绝对不能容许的，说“当时松下面临企业存亡的危机”也不为过。为了召回、修理产品，松下采取了所能想到的一切手段，依靠全体员工的奉献和努力，避免事故的扩大化。

近7万次的电视通告、1.3万次的广播、6.5亿张传单和49万张海报，根据购买者名单进行的重点个别访问活动15万次。因为存在转让的可能性，单凭购买者名单无法完全网罗所有使用者，所以松下以寒冷地区为中心，进行了45万次挨家挨户地访问……在事故发生后的两年时间里，松下因此事件的直接投入达到249亿日元，按现在的汇率约合人民币15亿元。截至2010年9月，该产品召回率达到76%。

松下的这一举措得到了社会的正面评价。

（5）召回永远也召回不了的产品

剩下的产品在哪里？多数可能已经废弃。即便如此，松下相信，若能在垃圾堆里面找到这些产品，也要继续努力。直至事故发生10年后的2015年，松下仍然在部署专门人员，以找到最后一台问题产品为止的决心，继续开展工作。由此，这场人们见过的时间最长而且还未结束的召回事件，展现出了一种神圣和庄严的意义。

正是因为这种对产品安全和社会责任的执着，FF式暖风机事件不但没有使松下的品牌声誉受损，反而赢得了客户更多的信赖。

（6）设立到期产品安全中心，追求产品绝对安全

有形的东西都会随着时间的流逝而老旧，终归会坏掉。松下以这次事故为契机，从确保永久安全的视角，强化设计和生产机制，深入思考安全性问题，使产品能使用几十年而不出事故。

“虽然我们一直在从事性能和耐久性的研究，但今后必须开展关于老旧化之后会怎么坏掉的研究。特别对于安全零件，必须彻底展开上述研究。”

为此，松下设立了到期产品安全中心和安全技术法规小组，展开相关技术研究。面向未来，通过设计和制造，改善并实现产品全生命周期的绝对安全，周全考虑，使产品历经数十年使用也不会发生任何事故。

（7）化危为机，重拾信任，强化信用

这次事故的应对，得到大众媒体的集中报道，松下被评价为是能承担企业社会责任的公司。

“把通常不愿公布、对自己公司不利的信息，也能毫无保留地予以公开，松下是毫不隐瞒、公平、公正的企业。”

引发不安全事故，企业有无可推卸的责任。非常幸运的是，松下非常彻底而诚实地应对，赢得了社会和客户的正面评价，挽回了大众对企业的信任，证明了松下的企业信用。

2013年10月14日，一位日本客户在自己的博客中写道：“今天报纸中夹带的传单是关于Panasonic（松下）的，在更改公司名称以前的松下电器时代，便不时有召回的传单，这种召回对象产品的广告和回收通知，基本都是问题曝光后的无奈之举。但是松下却一直坚持这么做，我觉得这是看似容易，实则很难做到的。看到这样的传单，就觉得松下真是个诚实的公司。”

（8）经营理念指引企业驶向未来

背离社会大众的信任，将带来企业存亡的危机。采取一切能想到的方法回收产品进行修理，全体员工奉献出所有力量，抱着直至找出最后一台问题产品的决心实施地毯式的查找工作。

这次事故是对松下上上下下一次非常彻底、刻骨铭心的经营教育，使松下人再次认识到确保产品的永久安全性是企业的社会责任，产品质量是企业的生命，是企业经营的最优先事项。

危机是生死大考，企业一定要将组织免疫力提升落实到方方面面，将产品责任负责到底。经过痛定思痛、彻头彻尾的努力，松下获得了来自客户和社会的信任回归。这次危机事件让松下所有员工深刻体会到：企业文化在这场危机中发挥了巨大作用。

机制化地进行风险管理，我们才不会辜负利益相关方。把危机意识融入骨髓，风险管理是有长期回报的，具体来说，持续、系统地进行风险管理，组织的根基会更深、力量会更强大，会得到社会和市场的积极反馈，企业的品牌形象会更正面，各方合作关系会更持久，企业自然会更健康、更长寿。

危机方显本色，把危机应对基因植入企业文化，确保大风大浪不死、大灾大难不死。企业文化指引企业如何正确地经营，避免走歪路、走邪路、走错路；企业文化缔造未来，企业的可持续经营将有最大的战略保障。

第三章

# 如何萃取企业精神文化、增强思想免疫力？

人多并不一定有力量，只有形成一个整体才会有力量。团队成员之间相互沟通、达成共识是形成有效整体的必要条件。

企业需要依靠管理创新来推动自身发展，企业更需要依靠产品创新来扩展市场。

产品靠技术支撑，技术由人掌握，人又靠什么支撑呢？靠信念。企业的成败基于人的理念。试想，如果没有大家都认同的企业文化，一大群“技术偏执狂”在一起会怎么样？

企业文化统领多元化团队，组织靠团队运作，团队若想长期走下去，思想共识是第一大基础。思想共识包括：价值观的选择，思考和判断的基准，积极的、有活力的组织氛围，向上的、一致化的员工行为……这就是企业文化，用企业文化统领多元化团队，这就是企业经营的“软”实力。

# 一、精神文化：企业持久发展的决定性因素

企业可持续发展的重大条件是战略基本正确而不是战略正确，也就是不犯大错误，因为企业很难做到战略完全正确，只能在试错中前行。战略是企业的发展方向，决定企业发展方向不犯大错误靠什么呢？靠的是企业文化。

企业文化对于一个企业的成长来说，看起来不是最直接的因素，却是最持久的决定性因素，如果没有优秀的企业文化支撑，企业的长期发展就没有基础。

企业文化是指经济组织在经济活动过程中形成的、为该组织成员所共同认可的组织文化，包含价值观、行为准则等意识形态和物质形态。

广义的企业文化是指精神文化、制度文化、物质文化和行为文化的总和，四个部分之间是递进的关系；狭义的企业文化是指以企业价值观为核心的企业意识形态。

精神文化是企业文化的内核，是根本、是中心；将精神文化融入制度当中就是制度文化，比如企业推崇什么样的价值观，企业就会重用什么样的人，在评价制度、晋升制度当中就会有相应的标准。

队和整个组织上下同欲、利出一孔，朝中期目标奋斗；面向社会和客户，清晰和完整的精神文化，可以获得外部资源的支持，加速企业品牌化。

## 4. 受欢迎的精神文化有五大特征

好的精神文化才能产生共鸣、凝聚人心，什么样的精神文化会受到员工和社会的欢迎呢?

受欢迎的企业文化有以下五大特征：

（1）一致的危机感：全体员工都不安于现状，组织内部经常充满危机感，对于环境变化非常敏锐，常态化地对变化采取适当的行动。

（2）共同的价值观：大家都基于相同的价值标准判断对错、好坏，朝向同一方向，团结一致地行动。这个看起来很虚，实际上不虚。比如营销的同事要跟进客户按时收款，采购的同事也要跟进财务按时向供应商付款，财务的同事也是这样想、这样做的，这种相同的行为习惯，本质上就是有共同的价值观，就是讲信用。

（3）自信和信赖："放心，我肯定能做到!"这是对自己的信心，"他肯定会帮我!"这是对于伙伴的信赖。这样的状态使整个团队都是积极的、齐心的。

（4）感恩之心：企业时刻警惕过于自信、傲慢，心里想着"做到现在的状态多亏了他人的帮助"。我们很容易对客户有感恩之心，对供应商呢？对员工呢？有感恩之心的人，就算不把感恩两个字挂在嘴上，他的真诚也能被对方感受到。企业没有感恩之心，就会自大、傲慢。

（5）追求高要求、高水准：从不满足现状，持续追求更高的业绩，迈上更高的层次，每天都在变化，每天都在进步。一年一小变，两年一中变，三年一大变，小步快走。

## 5. 从疫情危机看精神文化的作用

疫情危机，企业要活下去，靠什么？

当时很多老板很焦虑：没有赢利，还要给员工发工资，怎么办？

其实问题就是答案：想办法赢利，确保安全之后，尽快开展业务，实现现金流的增长。可是线下活动受限制了，怎么赢利？到线上去，让员工动起来，在线上跟客户互动，线上销售、线上交付。没有线上能力怎么办？快速学习。

时下正确的做法是：调动员工、集思广益，在疫情期间快速对接客户，看看客户在怎么想、怎么做，有什么需要我们支持的，如何快速帮助客户恢复生产和出货。如果是做线下实体店的，就要盘活会员，看看客人有哪些需要，我们能帮助客人做些什么。

也就是说，线下不行就线上，线上不会就学，这样的思维，在松下叫“下雨就打伞”，该怎么做就怎么做，做理所当然的事情。这就是精神文化，是精神文化当中的思考方法。

## 二、构建有生命力的企业精神文化体系

企业要由老板经营迈向组织经营、团队经营，就要尽快完成由老板文化向团队文化的建设：在精神文化的指引下，经由制度文化和物质文化，主动建设符合企业核心的行为文化，将企业文化打造成企业发展的内在驱动力，缔造企业不断适应环境变化的自组织力。

一个人只有价值观正确思想才正，思想正才不会有邪念，才不会干坏事。企业也一样，企业的精神要健康，碰到事情才能正确地判断，什么是对的、什么是错的，什么事能做、什么事不能做，什么钱能赚、什么钱不能赚，这样企业才能不犯错误、少犯错误，至少不犯大的错误、不犯致命的错误，而且能够自我反省，犯了错误能够及时纠正。久而久之，企业作为一个有机体，不断学习，不断进步，身心健康，经营就能持久，这样的组织是有生命力的。

最初的企业文化理论是在20世纪90年代由美国管理学界对以松下为代表的日本企业群体进行研究而提出的，又加上了美国企业的一些特色。现在被世界各地企业广泛采用的精神文化体系包括六大结构：核心价值观、经营宗旨、使命、愿景、思考方法和行为准则（含红线机制）（图3-1）。

要正确地经营，就需要建立完整的企业精神文化，以核心价值观和经营宗旨为指引，看清方向、正确地判断、少犯错误。稻盛和夫说：如果用利他之心经营事业，成功一定会属于你。

什么是正确、什么是不正确呢？企业是赚正当的钱，还是发不义之财，这是经营的出发点和手段问题，从本质上来说，就是企业的义利观。

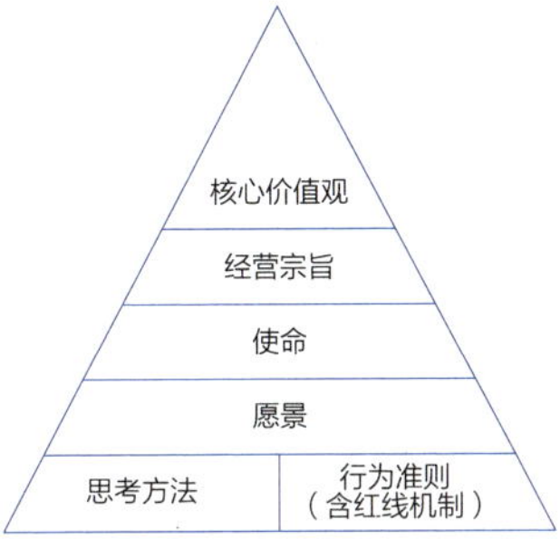


图3-1　企业精神文化体系

不能为社会创造价值，企业就没有存在的资格，不能持续为社会创造价值，企业就不能持续下去。所以，不论企业创立的时候是老板迫于生计，还是为了发家致富，最终企业都要具备服务社会、贡献人类的利他心。也就是说，不管过去老板们如何白手起家、为利而来，公司要持续做下去，都必须成为高尚的人。

## 1. 核心价值观

核心价值观是企业拥有的终极信念，在企业哲学中起主导性作用，是解决企业在发展中如何处理内外矛盾的一系列准则，例如企业对市场、对客户、对员工等的看法或态度——这是企业如何生存的立场。例如，美国英特尔公司有六大价值观：客户至上，冒险精神，纪律严格，良好的工作环境，质量为本，注重结果。

研发、生产和销售焊料的厦门及时雨焊料有限公司是1997年成立的，公司发展到今天，最重要的一个优势就是供货非常及时，还特别能帮客户应急，使得客户不需要特别多的库存。在萃取核心价值观的时候，及时雨公司的领导和干部们竟然不知道，“及时”就是他们二十多年的成功基因，就是他们的核心价值观。及时（Just In Time）其实是精益生产的核心思想，“及时雨”与“焊料”浑然天成，任何时候，作为制造型服务企业，“及时”都是应该坚守的第一大核心价值观。

企业的核心价值观是一个企业本质的和持久的一整套原则，既不能被混淆于特定企业文化或经营实务，也不可以向企业的财务收益和短期目标妥协，是企业相对性的自身绝对性，是具有不可改变性与不可发展性的。

## 2. 经营宗旨

经营宗旨是企业正确经营的根本，是企业经营的大义，也就是“公司是为了什么而存在的?”“公司应该用怎样的方式来经营?”正是有了经营宗旨，人员、技术和资金才能发挥作用。

长寿企业的共性特征，就是有正确的义利观，表现在：大义、大爱、大责、致远，服务于人类、呵护地球，利他、无私，担当、奉献，与环境相融共生、多方共赢，创造积极的产业生态、全球生态，追求持续经营，回报社会。

日本长寿企业的经商之道叫关西商法，关西商人继承了中国的儒家和佛教思想，把正确的经营称为天道经营，也就是遵循天道的经营，敬畏世界、遵循规律、合乎情理，日本关西商法当中的“以义取利、先义后利、无义不利、义利合一”，就是他们经营的义利观。中国的唐人神集团，创业者陶一山先生推崇“养义生利，义利相融”，异曲同工。

企业的经营理念是根据长期的创新创业和经营实践逐步形成的。松下根据半个多世纪的经营实践，才形成了自己的讲义理念。

## 3. 使命

使命是在企业经营宗旨的指引下，形成企业的定位和担当，是从中长期的角度确定企业的市场定位，和对客户、社会和员工等担当的责任和追求。企业的使命一定是有益于市场和利益相关方的，一定是贡献于社会、造福于整个人类的。

例如，在中集集团2005年发布的企业文化中，确立的中集使命是：在全球市场中，成为能按照客户需求，提供世界一流的现代化交通运输工具和相关服务的主要供应商，创造为客户所信赖的知名品牌，同时保持公司的健康发展和持续增值，为股东和员工提供良好回报。

建筑工人有的认为自己在搬砖，有的认为自己在建教堂，有的认为自己在帮助人们净化心灵，不同的理解赋予了相同的工作不同的意义。确立企业使命，让所有员工对企业大担当有一致的理解，每个人都赋予自己普通的工作以崇高的意义，这就在最高层面奠定了员工共同的工作观，这是员工工作热情、工作使命感和责任心的基础。

企业的使命一定是有益于市场、有利于利益相关方的，一定是贡献于社会、造福于整个人类的。厦门及时雨焊料有限公司确立的使命是：为全球电子产业提供绿色、稳定、可靠的电子焊料，以奋斗者姿态建设智能化社会。橡果美健集团的使命是：引领时尚的食·饮·生活。放眼全球，帮助人们创造健康的身心、建立由内而外的自信，速递惊喜和满足，成就醉美人生。

## 4. 愿景

愿景是企业未来十年追求的理想状态，要发展到什么程度，要成为什么样的组织，也就是从中长期的角度，想把本企业做成什么样子。

愿景是企业为之奋斗的意愿，是企业希望实现的蓝图。企业的愿景一定是美好的、有价值的、有格局的，一定是令员工激动、欢欣鼓舞的。好的企业愿景能够激发员工的主动性和创造力，实现全体员工全身心投入到企业经营当中，共同为中期发展目标努力。

**案例：中集集团的“世界级”愿景**

连续十多年成为全球集装箱行业第一的中集集团在2005年发布的企业愿景是：成为所进入行业的世界级企业。短短一句话，却非常出彩，不但表明了集团的雄心壮志，而且点燃了员工的奋斗激情：世界级企业，世界级人才，世界级待遇。

对于营销部门来说：世界级企业，世界级客户，世界级营销。

对于服务部门来说：世界级企业，世界级客户，世界级服务。

对于研发部门来说：世界级企业，世界级技术，世界级专家。

对于生产部门来说：世界级企业，世界级制造，世界级质量。

“世界级”三个字，给了员工无限遐想，公司新的发展蓝图给了员工迈向国际、成为地球人的机会。好的愿景可以极大地指引方向、拉动企业快速发展，2004年中集集团营业收入不足300亿元，2019年营业收入为858亿元，在集装箱、特种车辆、机场设备、能源化工及食品装备和海洋工程五大领域都已经进入了世界级企业规模。

愿景是企业创立十年左右时想达到的理想状态，用两个五年或者三个三年滚动过去，所以愿景是企业中期发展目标的来源，确立了中期战略的大方向。

愿景非常重要，它是企业中长期发展的指南，也是激活员工激情的关键，好的愿景会让员工看到公司的未来，同时看到自己在公司发展过程当中的机会，激发员工的工作激情和自我发展的动力。

很多时候人们容易把愿景与远景混淆，愿景是未来十年想要达到的状态，远景则是未来二十年、三十年甚至五十年想要达到的状态。

## 5. 思考方法

思考方法是碰到问题、推进工作时怎么想，是员工在碰到任何问题时的思考指引，是确定应对策略和具体措施的具体指南。

生产销售健康食品的橡果美健集团，他们的思考方法有六条：

① 一切从爱出发：用爱思考，用爱行动，爱是出发点，爱是目的地。

② 以客户为本：我们的价值永远在客户端，首先要站在客户立场进行思考。

③ 从长计议：不能只看眼前，一定要从中长期、可持续性进行判断和决定。

④ 成就他人：消除私心，用利他心求解，成人方能达己。

⑤ 人品立信：为人真诚、做事刚正，光明正大、信守承诺。

⑥ 用产品和质量立足：持续创新产品、永保优异品质，做任何决定都不能违背这两点。

## 6. 行为准则（含红线机制）

行为准则是碰到问题、推进工作时怎么做，行为准则是员工在制定和采取业务行动时必须遵守的基准，指引团队更好地面向未来，既确保客户满意，又有利于实现短期和长期目标。

橡果美健集团的行为准则有六条：

① 着眼大局：不要只看局部最优，而要追求全局最优，客户利

益和公司利益至上。

② 团队作战：不搞个人英雄主义，不单打独斗，凡事活用资源、团队协作。

③ 自主自立：把一切都当作是机会，以自我为主体，主动工作，活用资源又不完全依赖他人。

④ 勇谋兼备：凡事求创意，决断而不冒进，行动果断又不鲁莽，策略性思考、创造性工作。

⑤ 激励他人，培养部下：阳光心态、积极善意，调动资源、提携后辈，解放自己、跨界工作。

⑥ 日进一步，小步快走：立志成才、常思常新，创意工作、常做常新，积跬步、求千里。

通过思考方法和行为准则的规范，每天朗读、每周上文化课，员工慢慢熟悉这文化层面的指引，在潜移默化当中，员工的行为就会发生企业期待的改变。

行为准则不但要明确表明怎么做，还要清晰列示不能做什么——红线，还要告示踩了红线的后果——红线机制。

企业红线是指全体员工不可触犯的高压线、不可逾越的底线；如果员工触犯红线，公司将按照相关制度给予严肃处理，这就是红线机制：轻者岗位调整、留用察看，重则直接除名、循法办理。

红线机制是企业最基本、最重要的制度，目的是确保制度的刚性、避免管理软弱、风气腐化等。

例如，唯品会的红线有七条：①索取、贿赂、收受不正当利益；②窃取、泄露、贩卖公司涉密信息；③弄虚作假行为；④投资或从事与公司业务有竞争或冲突关系业务；⑤利用职务之便或公司资源为自己或特定关系人员牟利；⑥扰乱正常工作秩序，严重影响公司运营、商誉，或导致严重经济损失；⑦其他唯品会集团、品骏控股所规定的红线。

企业长久经营下来都会逐步形成自己的思考方法和行为准则，员工在公司工作要取得成功，主动以思考方法和行为准则作为指引、不踩红线，这是最有效率的方法。

一个有生命力的精神文化，应该融入全球普世价值观，倡导真正的人类价值，符合社会伦理道德，顺应时代大势和社会期望，而且有变革、进化的基因，有危机应对基因。

在企业精神文化体系当中，首先最持久的是核心价值观，其次是经营宗旨，往下走则逐步根据时代变化与时俱进：愿景可以变，使命可以不变；企业的使命可以阶段性地变，企业的经营宗旨可以在更长的时间内不变；三十年之后，企业的经营宗旨可以变，但是核心价值观可以不变；一百年之后，也许核心价值观大部分不变，小部分要微调，要去掉个别的核心价值观，要导入个别新的核心价值观。

比如，绝大部分做线下传统业务的制造型企业，都是大工业的基因，没有互联网基因，现在疫情出现了，所有企业无一例外都必须向线上线下融合的OMO模式转型，不转型就活不下去，这个时候企业的核心价值观就要优化，适当导入万物互联时代的文化基因。

企业有了明确的精神文化，再把它渗透、落实到制度文化、物质文化，最终落地到行为文化。

## 三、企业精神文化的九大来源

企业的精神文化从哪里来呢？

企业的精神文化有九大思想来源，分别是创业初心，成功原点，客观评价，领导者的三观（也就是价值观、世界观和人生观），创业故事，前瞻未来，社会期望，战略定位和团队梦想（图3-2）。

图3-2　企业精神文化的九大来源

### 1. 创业初心

萃取企业精神文化的第一个方法，是回归初心，探求老板的创业本源。所谓初心，是初衷、初志、初愿之意。我们经常看到各种各样的创业动机，有愁吃愁穿、走投无路而创业的，有工程师因为技术开发路线被公司否定而辞职创业的，也有金牌业务员想要赚更多的钱而创业的……

显现出来的都是表象，潜在未被挖掘的才是创业的本源。橡果美健集团的创始人聂静洁女士因为嫌自己胖，使用代餐食品加适当运动减肥成功，发现了健康食品这个新行业，她创业的初心是“爱”。因为自己爱美，也希望帮助到更多的人，从爱自己到爱别人，所以橡果美健集团的核心价值观第一个就是“爱”，橡果美健集团的第一个思考方法就是“一切从爱出发”。

## 2. 成功原点

萃取企业文化的第二个方法，是回顾公司发展历程，触摸成功的原点。所谓原点，就是公司创业至今这么多年，缔造到目前为止的阶段性成功，真正的原因是什么。可以从以下几个方面提问思考：

① 时代变迁中，是什么使我们洞察机会、激发灵感？

② 大风大浪时，是什么使我们渡过难关？

③ 巨大危机时，是什么样的智慧使我们绝处逢生？

④ 我们一直坚守、从未动摇的信念是什么？

⑤ 我们一直不敢触碰、从未逾越的底线是什么？

> 经营宗旨是企业正确经营的根本，用来阐明公司因什么而存在、为什么而经营和用怎样的方式来经营。
>
> 每家公司的创业历程不一样，领导者不一样，所在的文化背景、社会环境、主营业务也不一样，企业的经营宗旨在表述上形

形形色色，但是，正确的经营宗旨在本质上都是一样的，就是一个字：义。

企业的经营宗旨是根据长期的创业、创新和经营实践逐步形成的，正是有了经营宗旨，人员、技术和资金才能最大化地发挥作用，尤其是在大是大非、大风大浪中正确地判断和决策，不犯大错误。

橡果美健集团研发、生产、销售减肥瘦身、美白养颜、润肠通便、改善睡眠等健康食品，萃取精神文化之初，领导者和团队认为公司的经营宗旨是通过健康食品帮助人们变得更美、更健康，多次研讨之后大家一致确定的经营宗旨是：融入时代潮流，通过健康和美丽事业，为社会提供新的生活方式，帮助人们提高生命质量、享受幸福里程。

从产品概念、功能价值迈向事业概念，橡果团队终于弄明白自己是干什么的：我们不是传统意义上的产品公司，而是向客户提供新的生活方式——定位为服务行业，事业空间更广阔了，不推销产品，产品的销量却是自然增长的。

无独有偶，异曲同工，厦门及时雨焊料有限公司的经营理念是：我们以实业报国的情怀，在人类迈向智能化的进程中积极参与产业生态建设，为人们的美好生活、社会发展和绿色地球担当、贡献。

因为有创造价值、贡献社会的大义，企业受到客户的欢迎，

观；第三是创造未来的价值观，也就是为实现公司持续发展而需要导入的新的价值观。

### 案例：从“家”文化再造看企业精神文化升级

上海一家民营企业，经过20多年的发展已经完全国际化，是颜料红这个原料领域的全球隐形冠军，核心产品的世界市场占有率高达70%，在欧洲、美洲和东南亚都有自己的全资公司，有100多位外籍员工，特别是欧洲的研发中心和美国的销售公司几乎都是当地人。这个时候他们面临一个问题，就是外籍员工对于公司的“家”文化不认同，在他们的九大核心价值观当中，有一条就是“公司是一个家”。

很多人觉得奇怪：欧美公司那么重视人性化，员工之间也是亲如一家，而且欧洲很多一家三代都服务于一家公司的例子，为什么会不认同“家”文化呢？这跟东西方的文化背景和企业生态有关系。

靠“家”文化发展20多年的这家公司要不要调整“家”的核心价值观？

显然，这个价值观就是前面提到的“沉淀下来的价值观”，企业完全国际化之后，为了更好地实现全球经营、跨国发展，核心价值观也要升级、再造、有所扬弃，过去沉淀下来的核心价值观有的要传承、有的要放下、有的要导入，在公司还是要有“家”的氛围，但是“公司是一个家”就不要出现在核心价值观当中了，这样更能凝聚全球员工，更能建设好公司这个“家”。

于是，这家公司在2019年花了一年的时间对企业精神文化进行了升级再造。

## 7. 社会期望

萃取企业精神文化的第七个方法，就是从社会期望的角度去探求我们想成为一家什么样的公司。过去我们主要是从自己的立场思考比较多，现在还要加上社会的立场：社会希望我们成为一家什么样的公司。

松下幸之助在中年的时候就悟到了：经营的最终目的不是利润，而是将寄托在我们肩上的大众的希望通过数字表现出来，完成我们对社会的义务，使客户常受益，乃是企业获益的最大源泉。他提出了"企业是社会的公器"这个经营理念，影响了全球非常多的企业家。

广州市泰基工程技术有限公司2017年制定的愿景是：到2021年成为广东省岩土、地基与基础行业最具竞争力和员工满意度最高的公司。具体来说：第一，客户满意度最高、服务效率最高；第二，员工在行业受尊敬、收入在前列、成长最快。当时他们制定的五年销售收入目标是三十亿元，结果2020年就达到了，提早一年实现五年计划。

## 8. 战略定位

萃取企业精神文化的第八个方法，就是从战略定位的角度去挖掘。当我们有了清晰的战略，就要反向思考：为了实现战略目标，我们需要导入什么样的新文化？

比如，纯线下业务的企业一定要利用这次疫情的机会，向线上线下融合的模式转型。如果这个战略确定了，自然对企业文化提出新要求，公司必须导入互联网文化。

这样的新文化元素的导入，在组织行为上就是要培养全体员工的线上工作习惯，要推进跨界资源合作，要引进线上人才，要招聘90后、00后这些互联网运用能力很强的新生力量。

## 9. 团队梦想

萃取企业精神文化的第九个方法，就是从团队梦想中去寻找。企业是属于社会的，是属于现在的年轻员工和未来的年轻员工的，让新生力量参与公司的未来规划；我们想做成一家什么样的公司，将团队的梦想纳入公司愿景；我们如何对客户担当、对社会贡献才能成就这样一家公司，把团队的憧憬融入公司使命。

一家公司不论到目前为止活了多久，三年五年也好，二十年三十年也罢，既然还活着，就是阶段性的成功，因为能活不能活是由客户、市场和社会决定的，不是企业自己决定的，只是活得好不好、健不健康、还能活多久而已。

公司既然还活着，就一定有它精神层面积极、正面的地方，利用好这次疫情带来的机会，企业要尽快把精神文化萃取出来，企业领导人多花一点儿时间思考：咱们公司是为什么而存在？怎么做才能持续下去？想得多，才能想得深，思考深了，就越来越接近我们内心深处的善良，越来越清晰地知道我们的初心。

从九个方面萃取企业的精神文化，不断充实公司的文化体系，将精神文化落实到制度文化、物质文化和行为文化，指导公司的经营和公司的用人。其实，伴随企业文化建设的，是公司的品牌再造，这将在极大程度上改变客户对我们的品牌印象。

## 四、萃取企业精神文化的五步法

萃取企业精神文化的操作方法，具体来说是五个步骤：团队研讨，导师质疑，版本精化，导师升华，初稿审批。

### 1. 团队研讨

萃取企业精神文化，团队参与至关重要，创业者、领导者、创业团队、核心团队甚至是骨干团队和创业员工，一定规模的关键员工参与文化研讨、文化萃取和文化输出，这本身就是一次企业文化的洗礼，参与策划文化落地的过程就是一次企业文化建设的总动员。

例如，萃取核心价值观的时候，无限制思维，人人参与，可以用关键词的方法进行讨论输出，所提关键词多多益善。形成文字方案的时候，对核心价值观进行归纳和演绎，合并同类项，关键词要做到用词贴切、直达本源，字眼新颖、短小精悍，要避免“务实、高效、严谨、创新”这样的老掉牙的表述。

精神文化萃取的过程太“烧脑”了，让人深刻地感受到“才”到用时方恨少。这个过程一定要团队参与，老板平时说得就够多了，这个时候要让核心团队多说，老板也不能不说，但要适当地说，不要搞一言堂。

## 2. 导师质疑

好的文化导师对于萃取企业精神文化至关重要。团队成员对于企业文化的理解有很大差异，最容易出现的两个大问题是：

第一，概念错误、概念错位，经常把产品功能误认为是事业概念、使命，把使命和愿景调个儿，把行为准则误认为思考方法，出现诸如此类的问题，团队成员之间难以彼此说服、达成共识。

第二，团队自身甚至创业者本人并不能萃取出企业发展至今的文化基因，所谓身在此山中、云深不知处，因为透视能力不足，无法把企业的成功原因深挖到本质。

文化导师透过现象看本质，从创业故事、关键事件、关键词、团队碰撞中观察和发现，通过层层递进的发问、质疑、解析和反向确认，使参与文化萃取的人员深入思考、逐步接近真相和本质。

这是一个艰苦的集体思考过程，通过不同小组不同输出，通过多次的讨论—输出—质疑—再讨论—再输出—再质疑的反复，拿出团队的不同版本的方案，其中，文化导师起着循循善诱的催化作用。

## 3. 版本精化

萃取企业精神文化要得到的输出是企业精神文化体系的文字版本，包括核心价值观、经营宗旨、使命、愿景、思考方法和行为准则（含红线机制），这些都要用文字高质量地表达出来。其中，核心价值观一般用关键词表述，也可以加上一段话演绎，其他的都是用语句语段来呈现。

萃取经营宗旨、使命、愿景、思考方法和行为准则的时候，输出的成果用一段话演绎，这段话要精雕细琢，既要有语言的美感，又要有文字和语言的力量，要能点燃员工的心中之火，让员工欢欣雀跃，启动员工的思想引擎和行动引擎。

同样地，确立经营宗旨和使命、制定企业愿景等其他精神文化，基于历史和未来，也用头脑风暴式的开放讨论，在文化导师指引下，逐步建立概念、梳理脉络、创造输出、持续提炼，经过第一版、第二版、第三版甚至是第六版，整个团队就会被点燃，逐步由发散到集中，由集中到统一，由统一到精练，由精练到升华，最终触动人心。

## 4. 导师升华

文化研讨获得的多版本输出虽然在质量上逐步提高，在拿出团队满意的最终版本之后，仍然需要文化导师发挥关键作用：对企业精神文化1.0版本的初稿进行加工、雕琢，发挥点石成金的功力，将精神文化的文字演绎升华到直击心灵、拍案称奇的程度。

为了精益求精，创业者或领导者需要静心沉思、字斟句酌，文化导师需要跟核心人员、创业者或领导者进行多次的个别对话和群体碰撞，最终还要亲自捉刀，确定企业精神文化的1.0版本。

## 5. 初稿审批

文化输出小组将企业精神文化的1.0版本提交给企业文化建设委员会，以会议形式逐条确认、讨论，进行必要的优化，最终审定通过、定稿，作为《企业文化手册》和后续文化建设的标准。

企业领导者交班的最重要工作之一，就是建立完整的企业文化体系，文化交班，让企业更健康、更有免疫力、更有生命力，持续地经营下去。

在文化导师的指导下，以创始人（创业者）、创业团队和核心团队为主体萃取企业的精神文化，进行文化升级和再造，可以给团队注入活力和能量。

培养左膀右臂，由个人经营迈向团队经营，由团队经营迈向组织经营；老板不断后退，让下一代经营团队当家，老中青干部员工相融共生，就能走出“老板文化”，由企业家文化迈向团队文化，在经营实践中创造新的文化，增强企业的思想免疫力，用文化引领企业积极而稳健地迈向未来。

第四章

# 剧变中如何调整企业经营的基本假设、强大战略免疫力？

在不确定的时代，碰上不确定性极高的疫情，这样的剧烈变化使人非常焦虑。各种分析、各种观点，众说纷纭，让人无所适从。

除了从短期考虑怎么活下去外，企业家们还要从长计议，着手谋划新的未来。之所以说是“新的未来”，是因为过去的规划，由于环境正在发生剧烈变化，很多条件已经不存在了，也就是说，做出原来规划的假设变了。

# 一、战略决定企业未来，假设决定战略成败

2020年2月9日，署名唐亚华、闫丽娇的两位作者在自媒体发表了一篇文章《疫情之下，哪些行业正在逆势爆发?》，他们的预测是：

① 在线问诊、远程医疗、医药O2O、互联网医疗企业迎来出圈机会。

② 线上线下企业同押注，在线教育再站风口。

③ 企业服务迎来高光时刻，主要指的是企业运营的数据化和在线化服务。

④ 生活服务受益明显，尤其是生鲜电商，那些后端供应链、配送服务更完善的平台凸显出竞争优势。线下便利店、生鲜电商，接下来会有很大的分化，能够适应更高质量产品、更好组织方式、更快物流的企业将快速发展。

线上娱乐，会成为集中爆发的"黑马"。但只有具备长线运营能力的厂商，才能把长期利好转化成业绩。也就是说，此次特殊事件，尤其会利好头部厂商。除了游戏，宅经济也推动了长、短视频平台的发展。

## 1. 过去的假设走进今天的现实

上面这些观点都是基于假设而做出的，这些假设是：移动电子商务培养了网民的新消费习惯，而这次疫情成了催化剂，又重塑了人们消费观念和消费习惯，让很多用户有机会认知和使用那些“互联网+”的垂直服务。

每个亲身经历过的人，都觉得确实是这样，我们真的享受到了移动互联网和快递物流带来的便利，不然真的过不下去。

真的是这样吗？根据前面说到的假设，确实如此。可是，如果这个假设不成立呢？就未必如此了。

## 2. 逆向假设也是真实的

另外一种假设就是：被关在家里这么长时间，确实憋坏了，疫情之后，人们会更愿意出去逛，会更珍惜线下的时光，更痛快地享受实体店的服务。所以，反过来，线下业务会更兴旺。

这样的观点似乎也有道理。

哪一种更有道理？哪一种更接近未来的现实？现在我们都不知道，因为，两种观点都是基于假设。

所谓的假设，就是我们认为是这样的。跳出来看，是不是这样，真不知道，也可能是这样，也可能是那样，到底是什么样，要看未来的结果。

可是，做经营却不能等到结果出现了才决定企业怎么做，而是现在就要面向未来，决定公司怎么做，否则就会错失良机。

## 3. 战略的制定基于假设

现在决定面向未来怎么做，这就是战略。战略决策基于假设，而假设只是我们认为是那个样子。假设对了，战略就是正确的，假设错了，战略就会失败。所以，假设很重要，假设的能力，是企业必备的战略能力。

前面说到的例子，一种假设是：线上消费、移动端消费将成为十四亿中国人的习惯，所以倡导中国企业要加强线上运营和线上服务的能力；另一种假设是：人们会更享受线下服务，所以，要将客户体验做到极致。

## 4. 用基于假设的商业逻辑避免战略错误

为什么我们觉得这两种看起来相反的观点都有道理呢？因为，它们的逻辑都是成立的。这就考验企业的战略决策能力了，如果我们用二元思维、非此即彼地做决定，就会走极端。

这里说的“逻辑”，准确地说，应该是“商业逻辑”。

比如，线下实体店觉得没活路了，改走线上道路，一改就死。零牌顾问机构过去是做纯线下服务的，而且只做B端，现在开始放弃面对面的业务，改走纯线上培训而且是做C端，这肯定是死路一条。

为什么？因为线下实体店的核心能力是面对面，零牌顾问机构的核心能力也是面对面，也就是线下服务能力，我们没有线上基因。

怎么办？

我们的方向就是：有线上核心能力的企业，要打通、强化线下服务能力；有线下核心能力的企业，要打通、强化线上服务能力。这就是线上线下融合的模式，具体来说，就是能活下去、有未来的企业，一定都是线上线下一体化运营、一体化服务的企业。

所以，我们说：战略决定企业未来，假设决定战略成败。

## 5. 基于假设的公司创立和公司运营

德鲁克认为：市场的稳定性是相对的，市场的不确定性是绝对的。应对不确定性的唯一武器就是创新，也就是创新是企业家的特定工具。

我们来看一家公司是怎么成立，之后又是怎么持续经营的。

开办公司，一定是因为创业者认为环境当中有机会，是洞察环境、基于假设做出的决策，如果这个假设成立、机会真的有，公司就办起来了，反过来如果假设不成立，开张之后就会很快关门。

公司开办到三四年之后，就会发现生意越来越难做，因为老板行动迟缓，环境已经发生了巨大变化，但没有被企业认知到，公司还是基于原来的假设进行市场营销和产品开发，经营业绩不好是自然而然的事情。

这就需要我们对环境变化保持足够的敏锐度，提高认知环境的能力，洞察正在发生的变化和未来的大趋势，进而调整企业的基本假设，识别新的机会，并通过创新预见性地调整战略，通过战略拉动组织变革，实现商业逻辑和商业模式的转变（图4-1）。

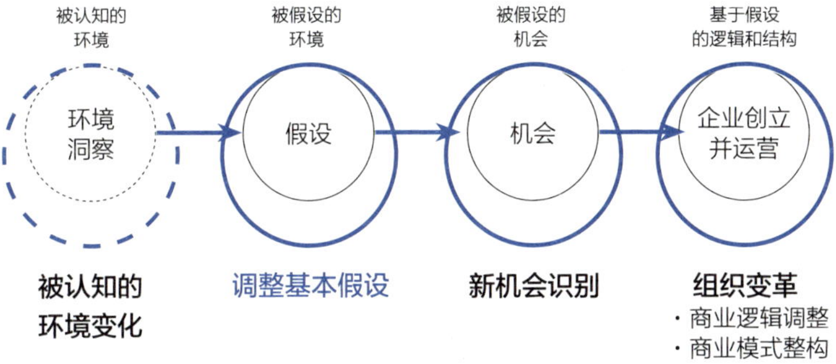


图4-1　基于假设的公司创立和运营

## 6. 企业失败：过去的假设现在已经不成立，却行走在老路上

大部分情况下，企业出现经营危机的根源并不是经营管理不善，甚至也不是存在明显的管理错误，而是企业建立以及商业运营的基本假设已经不成立了，但是我们还走在老路上，既有的战略不再适合眼前的现实。

企业家通过环境洞察，认知环境变化，调整基本假设，识别新的机会，推动商业逻辑调整、商业结构调整等组织变革。

## 7. 避免失败：环境改变之后及时调整战略假设

企业建立以及进行商业运营是基于某种假设，环境变化之后，企业如果还是按照原有的商业逻辑和商业模式进行运作，必然不会有好的结果，因为环境已经发生大变化，原来的假设已经不成立了，或者在某种程度上不成立了。

所以，环境改变之后，企业必须调整战略的基本假设。

企业需要自己的经营理论，这是企业对于规律的把握。洞察环境、调整商业逻辑、调整商业结构，进而得出企业的新战略，这是企业必需的能力。

企业经营理论的核心问题是基本假设的问题。

约翰·D.洛克菲勒早在19世纪末期就发现了纵向一体化可以降低交易成本，并投入了应用。他把勘探、生产、运输、精炼、销售纳入一个公司体系中，运用权威关系指导企业资源的运用，最大限度地提高了石油生产效率并降低了成本。

基于降低交易成本的经营理论，他建立了标准石油托拉斯（Standard Oil Trust），这可能是商业史上赢利最多的大企业。

## 8. 提高企业成熟度，就必须提高战略假设能力

企业跟人一样，有一个成熟度的问题。企业都要经历诞生、成

长、适应环境、生病、锻炼和死亡的过程。企业也有阅历、成熟、耐力、灵性、智慧和寿命，唯一跟人不同的地方，就是企业可以再生，所以寿命可以比人更长。

伴随企业的成长，企业的成熟度也逐步提高。所谓成熟度，也叫管理成熟度，是企业在运营管理中达到的成熟与卓越的程度，是对稳定经营能力的评价。

## 9. 企业管理成熟度的五个发展阶段

企业管理成熟度有五个发展阶段：第一阶段是初始的状态；经过一定的训练过程，会达到可重复的状态，这是第二阶段；再经过标准化的过程，达到被定义的状态，这是第三阶段，到了这个阶段，企业开始有自己的经营理论，这个时候的经营理论还只是雏形，企业有自己的管理语言，有各种定义，开始掌握行业的规律、企业自身的规律，在规律指引下展开经营活动，而且有成效。

企业成熟度的第四阶段，是在经过可预测的过程之后，达到被管理的状态，企业的经营理论基本成熟，在模型指引下展开战略行为。

企业成熟度的第五阶段，是经过持续的改进过程，达到优化的状态，企业形成了稳定的经营理论能力，能够在变化的环境当中，发现新的规律、建立新的理论，实施战略调整，拉动组织变革。

## 10. 经营理论能力是企业成熟度的标志

经营理论的基础是商业逻辑，商业逻辑的前提是基本假设。假设成立，逻辑才成立，逻辑正确，理论才成立。

所以，假设是企业的必备能力，环境变了，假设也要调整。

企业的成长、成熟是从假设能力开始的，最终发展为经营理论能力。

经营是面向短期的，战略是面向未来的，战略就是为了实现持续发展不断优化收入结构，战略也叫“变脸”。战略决策基于假设，环境变了，假设要变，假设变了，战略要变。所以战略是相对稳定、动态调整的，战略也是一种能力，假设能力是战略能力的源泉。

中国的化肥行业在2015年之后出现市场大逆转，农业部发布了两个文件，一个是《到2020年化肥使用量零增长行动方案》，另一个是《到2020年农药使用量零增长行动方案》，同时，财政部、海关总署和国家税务局宣布进口化肥恢复征收增值税。2017年，国内有机农业的权威专家朱安妮表示：“完全不用化肥，可以实现好吃不减产！”舆论环境对行业发展和经营非常不利。

作为化肥企业，怎么办？

这个时候，领导者必须洞察环境变化，调整假设——化肥行业从增量市场进入了存量市场，企业的战略必须做出重大调整。

## 11. 经营理论能力的内核是商业逻辑能力

假设是如何影响战略决策的？靠的是商业逻辑。

商业逻辑，是企业运营并实现经营目标的内在规律，包含市场规律、商业思维的规律、消费行为的规律和商业习惯等。商业逻辑是进行商业思考的规则，逻辑对了，才有正确决策。

具体来说，企业洞察环境变化尤其是市场的变化，建立新的商业逻辑、重新理解客户，进而调整基本假设，根据新的假设，确立新的商业模式。

商业模式是达成持续赢利目标的整体解决方案，表现在新的业务模式、新的运营模式、新的产品和新的服务等。其实就是新的战略，最终在客户端创造新的价值，表现在销售收入、利润和利润率的提升，在环境变化之后企业还能够持续经营下去。

企业对商业逻辑的把握，是一个试错验证的过程。

## 12. 企业制定战略必须澄清的三大假设

假设就是这样影响战略决策的，所以，德鲁克说：要成为未来卓越的领导者就必须有很强的假设能力。

具体来说，假设包含三个方面：第一是关于组织环境的假设，包含社会、社会结构、市场、客户、技术等因素的假设；第二是关于组织特殊使命的假设，就是要明确公司经营宗旨和使命；第三是关于完成组织使命所需要的核心能力的假设，也就是你必须最擅长做什么。

假设能力不断提高，通过商业逻辑打通到战略，就会慢慢形成企业的经营理论。清晰明确、前后一致、目的明确、独具特色的经营理论，是企业的力量源泉。

## 13. 假设，是一种源自虚构的力量

愿景引领，梦想导航。假设是虚构的力量，企业战略基于假设、企业愿景也基于假设。

企业家基于市场洞察、基于假设，制定新的发展战略，给企业勾画出宏伟的愿景蓝图，引领员工一起想象美好的未来，从而矢志奋斗。

从管理的角度来看，企业家之于企业，一方面是企业家以“虚构”，也就是通过愿景，引领和塑造企业文化、带动企业成长；另一方面则是，如果企业还是停留在企业家文化（也就是“老板文化”）阶段，老板的假设能力很弱，就会停留在过去的时代，会给企业造成负面影响。

突破“老板制约”的方法，就是打造团队文化，把假设的能力锻造为组织的能力。

## 二、剧烈变化时，从五大方面洞察环境假设的变化

还是以化肥行业为例。权威专家朱安妮表示："完全不用化肥，可以实现好吃不减产！"但是她同时还说："不敢说未来完全替代化肥会在哪个时代，相信大家都在努力，只是时间的问题！"化肥企业的老板们终于松了一口气，化肥还是"有得卖"。

其实，这是变化的方向和速度问题。不用化肥的方向肯定是对的，但是这个变化的速度有多快，就不一定了。这个时候，不同的假设会令企业采取不同的战略举措。过去的假设是：化肥使农业高产。现在的假设应该是：化肥有害。过去的假设是：化肥行业有广阔的前景。现在的假设应该是：化肥市场将逐步萎缩。

对于企业来说，转型的压力并不急迫，但是竞争的压力就会突然增加。过去农户的观念是"多施肥，多产出"，现在变了，怎么做到少用化肥、更大产出，这是农户关注的焦点。

卖化肥的人要帮助农户少用化肥、增加产出，这是真实的存在。

企业该怎么办？

首先，企业要调整关于组织环境的假设。洞察环境的变化，一般从五个方面进行，包括社会、社会结构、市场、客户和技术。

## 1. 洞察社会变化，调整环境假设

社会变化每天都在发生，随着时间的积累，量变产生质变。例如网络技术进步、00后上岗、环境问题日益突出、中美贸易摩擦等，对应的组织环境变化就是网上消费增加、工厂招工越来越困难、环保健康需求激增、海外业务形势严酷，这些都是假设，基于这些假设进行战略思考和决策。

## 2. 洞察社会结构的变化，调整环境假设

社会的结构包括家庭结构、社会组织结构、城乡结构、区域结构、就业或分工结构、收入分配结构、消费结构和社会阶层结构八大方面，核心是社会阶层结构，社会结构的变化会表现在诸如国家经济发展（如GDP增速）、生活水平提高（居民消费能力）、二孩政策（家庭成员数量）、城镇化（居民居住和生活状态）、货币分房（居住需求）、西部大开发（地区间差异）和军民融合（企业市场机会）等，对应的企业组织环境变化是中产阶级壮大、老龄化、消费需求增加、中小城市机会、房地产崛起、内地市场机会和军工领域机会等。

## 3. 洞察市场变化，调整环境假设

今天的时代，洞察市场变化要用大产业、大生态的地位进行观

察，包括所负责市场的需求变化、产品的普及率、产品迭代的进程、竞合公司的动向、对需求有影响的政府动态、环保法律法规、增值税和流行趋势的变化等，据此调整环境假设。

也可以用波特的五力模型洞察市场变化（图4-2），包括竞争门槛（进入壁垒）、需求替代（替代品威胁）、供应商（卖方）议价能力、客户（买方）议价能力以及竞争态势变化（现有竞争者之间的竞争）。

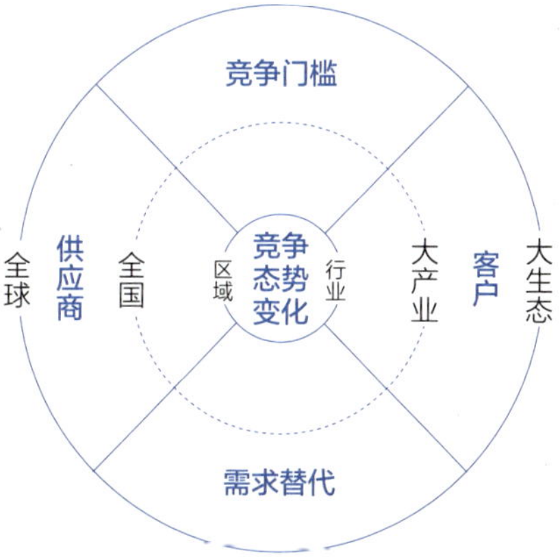


图4-2　波特的五力模型

## 4. 洞察客户变化，调整环境假设

以B2C业务为例，关注消费者（目标消费群体）发生的变化，同样是20多岁的年龄层，从70后到80后、90后再到00后、10后，正在发生代际转换。年轻人从喜欢逛街到喜欢宅在家里再到喜欢上网，过去的20多岁和现在的20多岁、未来的20多岁，生活方式、消费偏好完全不同，对品牌的忠诚度、对智能化和速度的追求也今非昔比。我们需要做的就是洞察客户变化，调整环境假设。

### 5. 洞察技术变化，调整环境假设

观察技术趋势，从技术迭代进程、新技术动向、技术路线的变化、创新技术的动向、新材料出现和跨界技术应用等方面，通过多渠道信息、结合数字和非数字信息、专家建议和团队研讨进行变化识别，调整环境假设。

环境是什么样的，我们从来没看清楚过。我们认为的“环境是这样的”，从来都是假设，是我们认为的样子。只是，企业要尽可能对环境的假设把握到位，让它最大限度地接近真实的样子。

## 三、基于新的环境假设，调整对组织使命的假设

接下来，基于新的环境假设，做出新的关于组织特殊使命的假设，也就是明确新的经营宗旨、使命和愿景。

经营宗旨要表明在新的环境下，公司是为了什么而存在的，公司应该用怎样的方式来经营。而使命是从中长期的角度，确定企业的市

场定位，对客户、社会和员工等担当的责任和追求。

## 1. 环境变化之后，及时调整企业的使命

以化肥行业为例，由增量转变为存量市场之后，某化肥企业确立了新的使命：加大科研力度，实现肥料增效减量，提高农产品品质，成为中国腐殖酸钾肥料头部企业。基于这一使命，营销职能的使命是：帮助农户提质、增产、增收，帮助经销商和零售商做强做大，培养公司的品牌忠诚度高的用户。

这就是调整以后的特殊使命，根据这一使命，公司要由制造型企业转变为服务型企业，这就是调整以后的愿景。

从调整组织环境的假设，到调整组织特殊使命的假设，中间的商业逻辑，具体包括以下几方面：

（1）从产品思维向价值思维和服务思维转变

化肥企业的价值到底是什么？是帮助农户科学地提高质量和产量。

基于养土技术和作物种植技术，为农户提供作物营养技术服务，帮助中国农民生产安全、质优、令消费者安心、健康的农产品，这就是化肥企业的主营业务，或者说，这就是化肥企业的事业概念。化肥企业的事业不是化肥，而是作物营养技术服务。

立足的是技术，提供的是服务，得到的是业务，用到的是产品。化肥企业就是这样为客户创造价值的，服务思维替代了产品思维，技术思维替代了产品思维。

（2）服务思维改变营销行为

如果这样想，也这样说，久而久之就会发生变化：过去说“产品”，客户就直接问价格；现在说“服务”，客户自然就关心你能提供什么服务；现在说技术服务，客户就关心你的技术有什么优势。说着说着，农户就关心他的产出了。

说着说着，企业的行动也开始改变，开始关注客户需要什么样的服务，用什么技术能够提供这样的服务，还会对客户收成不好的原因更加敏感，重视对农户种植过程的跟进和指导。一步一步，传统化肥企业的经营模式就开始转变了。

（3）营销行为的改变才是真正的转型

刚才只是转变思维带来的效果，如果作为组织行为，公司主动调整自己的事业概念，把主营业务从产品思维转变为服务思维，前面说的转变，就会是主动转型。

作物要达到一定的目标产量，就需要有合适的营养。养分正常供应是作物优质高产的基础，而作物的养分来源有两个：一是土壤本身的有效养分，二是施肥提供的养分。这恰恰说明，化肥企业不能只卖化肥，还要教农户科学地施肥。要教会农户根据作物营养的特点、土壤、气候和生长时期等，有效地调节养分，这样才能满足植物对营养的需求，植物才能长得好、果实好、产量高。

要根据不同作物的营养临界期和营养最大效率期把握施肥时机，种植是一门科学，更是一门技术。化肥企业要指导买了自家化肥的农户科学施肥，这就是服务，而且是技术服务。

（4）化肥企业的使命是帮助农户发家致富

化肥企业不是生产化肥的，而是提供作物营养技术服务的。最好在农户买肥料之前就给出建议，把服务前移，从前到后打通服务链，甚至可以包括种植结构、种植技术、产品套餐、作物管理、农产品商品化和营销指导等，说全了，就是帮助农户发家致富。

### 2. 企业使命调整之后，业务模式要随之调整

如此看来，农资企业要由产品思维向业务思维转变，强化技术优势，由产品模式向业务模式转型。

产品思维本质上是制造思维，是物质匮乏时代的产物，那个时候只要生产得出来就能卖得出去，现在行不通了。业务思维本质上是服务思维，是围绕客户来思考、围绕客户来工作。农资企业还需要从制造思维向服务思维转变。

## 四、基于新的使命，调整组织所需核心能力的假设

基于新的使命，要为特定的目标客户服务，必然要培养为之服务的独特能力——这种独特能力是同行不具备的、难以简单复制的。

## 1. 三步明确所需要的核心能力

（1）建立同行不能模仿的独特体制。企业根据自身特点，创造别具一格的组织方式和工作方式，松下的V产品认定制度、销研产一体化的产品开发体制等，都是这方面的范例。

（2）明确现状和愿景的差异。愿景是美好的，现状是实实在在的，两者之间的差距就是企业努力的目标，只有清晰地描述出来，才能激发团队业务实践的积极性。

（3）检讨目标及其达成的方法。有了目标，接下来检讨通过什么路径、要做哪些事情朝愿景努力。广东劳卡家具有限公司根据愿景制订了从V1.0（衣柜）到V2.0（定制家居，中期目标）再到V3.0（智能家居，长期目标）的业务战略，自然，未来三年要在市场推出什么产品（床、沙发等）、销研产如何一体化运作，这些路径就要研讨出来。

## 2. 从三方面创造新的核心能力

构建企业的独特能力，还要从提供卓越的业务、强化客户关系和创造新产品、新技术的优势三个方面来进行。

提供卓越的业务是，建立为客户提供高价值的卓越业务体制，和竞争对手在价格、品质、响应机制、交期、品种等方面实现差异化。这里说明一下，价格的差异化不一定是价格更低，也可能价格更高。

强化和客户的关系，对客户数据进行数字化管理，更好地为客户服务，帮助客户解决困扰，与客户共同开发，快速对应客户的个性化需求，通过这些实现和竞争对手的差异化，维护与特定客户的战略合作关系或者紧密合作关系，实现长期协作、彼此信赖。

对应客户需求是，不间断地进行技术开发和产品开发，还要开发新的服务系统，实现持续的技术迭代、产品迭代和服务迭代，进而创造新产品和新技术的优越性。

## 3. 创建培养独立能力的学习型组织

要为特定的目标客户服务，实现企业的愿景，企业要创建学习型的组织。彼得・圣吉在1990年提出的学习型组织的概念，是当前的市场环境对企业实实在在的要求，问题是，怎么做呢？

（1）提高员工的意识和信息敏感度。行为是受意识支配的，市场意识、客户意识、产品意识、质量意识、服务意识……提高员工的意识，需要通过基于五项主义（现场、现物、现实、原理、原则）的一系列业务活动，全面缩短企业内部各个部门、所有员工与客户的距离，强化全员对信息的敏感度，为DBM（基于数据的营销）创造信息基础。

（2）营造以客户为导向的企业氛围，改变以企业为中心、以自我为中心的思维方式，所有的事情都从客户角度出发，抛弃私心。

（3）培养以客户为导向的组织风气，推进组织管理的成熟。从做男性化妆品起家的日本曼丹株式会社，用信息卡捕捉每一个客户需求，逐步建立了以客户为导向的风气，堪称这方面的典范。

### 迈向学习型组织的六级台阶

失败组织的共性特征就是员工的“意识”淡薄，而胜利组织则大都可以做到“意识”的连锁常态化。在构建学习型组织时，从失败迈上成功，有六级台阶：

（1）认识到改善、革新的重要性，开始学习和改变体制。

（2）把改善、改革的学习固化下来，一部分体制机能化。

（3）经营干部带领改善、改革，体制机能化，出现成果。

（4）活跃于改善、改革活动，体制标准化在很多领域能有良好的成果。

（5）把全体组织的改善、改革的学习固化下来，形成良好的成果。

（6）实现卓越的体制，在所有的领域中，取得世界顶级水平。

## 4. 在经营层面推动PDCA循环

创建组织所需要的特殊能力的过程，也是在经营层面通过PDCA循环，实现经营创新的过程。

经营创新需要企业变革，从转换观点、以客户为中心、创造价值接触点三方面，通过PDCA循环推动企业革新。

（1）观点转换的PDCA循环

根深蒂固地接受“客户总是对的”的观念，“必须倾听客户的声音，感受市场变化”。

训练洞察力：不断地自我提问，例如“维持现状好吗?”

强化危机感：“这样是不行的，必须要做点什么!”

问题意识：能够感觉到什么很奇怪。

当事者意识：在全体员工中持续不断地营造“我不做那谁来做?”这样的责任意识，出现问题，第一接触者主动出来担当。迅速的行动，不要犹豫，说做就做。

（2）以客户为中心的PDCA循环

所有经营活动都要以客户为中心，不断地进行点检和评价，做好将改善目标落实到具体工作人员的活动计划。由经营高层主导PDCA循环，这是很重要也是很容易被忽略的方面。

（3）创造价值接触点的PDCA循环

企业的存在价值，是由客户接触点决定的。企业与客户的接触点在哪里？在产品的三要素。为了将客户意识真正落到实处，企业务必评价所有的客户接点并推进改善。

## 5. 培养以客户为中心的组织风气和组织能力

客户是企业最重要的资源，彼得·德鲁克一直强调企业经营的根本就是创造需求和创造客户。那些竭尽全力理解客户要求的企业，最终能够得到客户的信赖。竞争对手固然要关注，但竞争对手并不可怕，最可怕的是忘记了客户。

培养学习型组织，说到底就是要培养顺应环境变化不断创造需求、创造客户的组织能力，这就是经营创新。

通过培养以客户为中心的组织风气和组织能力，把握客户痛点和兴奋点，经营创新就有迹可循了，面向未来五年、十年甚至二十年，从企业持续发展的角度，经营创新是培养学习型组织的有效途径。

## 五、将假设能力和商业逻辑能力缔造为组织能力

企业经营不是老板的专职，而是全员的责任。企业的经营成果是由战略、战术、武器和兵力四大要素决定的，无论是事业定位、PDCA循环、独特能力的培养，还是一线人才，企业经营都需要群策群力。

### 1. 建立战略滚动管理机制，缔造组织能力

要将假设能力和商业逻辑能力缔造为组织能力，具体的做法是：要明确地识别环境变化，列出战略假设，并纳入战略复盘和战略研讨（图4-3）。

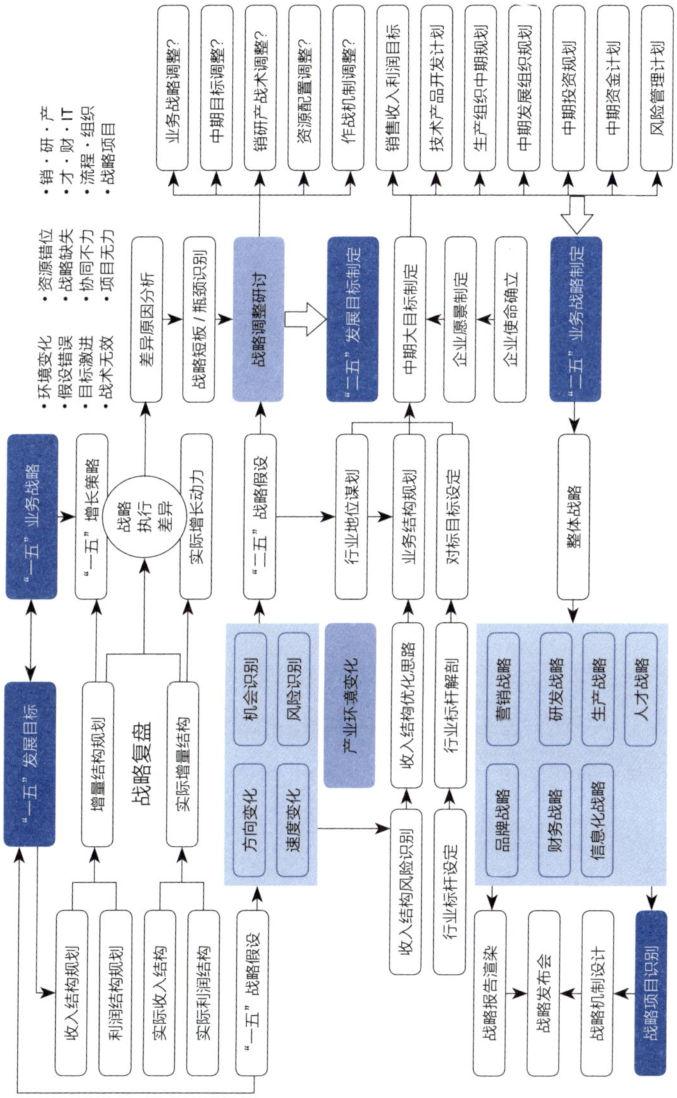


图4-3　基于假设的战略滚动管理

这种能力由领导者的个人能力转变为组织能力的表现，有三个方面：

第一，就是要有持续的战略，包括中期发展目标和中期业务战略，也就是企业要有第一个五年计划，之后是第二个五年计划、第三个五年计划，一直做下去。

第二，就是要进行战略滚动管理。以一个月为周期也好，三个月为周期也好，常态化地召开战略会议，跟进战略落地的情况，推进战略项目的实施。

第三，是常态化地进行战略复盘，半年一次也好，一年一次也好，要有正式的复盘报告，包括电子版、书面版。

## 2. 培养新一代经营团队，承载组织能力

当出现上述三种表现时，企业即可通过建立、完善战略管理机制，将战略假设和商业逻辑的能力，由领导者身上转移到整个团队，变成一种组织能力，这个过程既是培养新一代经营团队的宝贵机会，也是塑造团队文化的时机。

# 第五章

# 如何抓住正在涌来的战略机遇、建立新的肌体免疫力？

面对严峻的疫情，大家都比较焦虑，随着企业慢慢复工，似乎心里更淡定了，现在，疫情已经是常态化存在，由于政府的有效控制，社会逐步恢复新常态。

面对危机的时候，可能大家想得比较多的是问题。松下（中国）前总裁、零牌木元塾塾长木元哲先生说：要把世界的变化当作机会。巨大的危机带来巨大的机遇，怎么抓住这些正在向我们涌来的机遇？我们要用机会的眼光去看待危机，要用战略洞察的眼光来面对这一次疫情，这样就可以开拓公司的未来。

# 一、巨大变化，正视危机中的机会

突如其来的新冠肺炎疫情，让我们措手不及、非常被动，稍微缓过神来，却发现我们可以做的事情很多。社会需要我们，客户需要我们，供应商需要我们，员工需要我们，危机带来了我们浴火重生的机会，危机也给我们创造了战略转型的机遇。

## 1. 转型还是赚快钱：他们为什么都去做口罩?

2020年的春天，严峻的疫情形势下，最紧俏的产品是什么？应该是口罩。

我们注意到，不但原来做口罩的工厂全部动起来了，而且还有很多企业火速导入生产线，加入生产口罩的行列中。上汽通用五菱的子公司宝骏汽车，2月6日宣布启动生产线改造，开始生产口罩；比亚迪2月8日决定导入口罩生产线，2月17日开始出货；广汽集团2月11日开始安装和调试口罩生产线，宣布要用最快的速度实现出货。

这里说到的三个例子，都是汽车企业，从制造汽车到生产口罩，如何在短期内做到？这就是看企业产能导入的功力了，而这恰恰是它们的强项。

不但汽车企业，广州还有一家公司也在生产口罩——中设智能（全称广州中设机器人智能装备股份有限公司），这是一家生产机器人、帮助企业导入自动化的设备和智能化装置的公司。他们也紧急推出无人化口罩生产系统，2月14日开始线上推广。

大家都一窝蜂去做口罩了，但是需要这么多口罩吗？现在缺口罩，就上口罩生产线，那未来会不会产能过剩呢？这是一个值得大家关注的话题。

我认为，这些企业不只是在做口罩，它们是在转型。

先来看一看数据，按照国家主流媒体的报道，疫情期间我国一线医护人员对口罩的需求是每天几千万只，数量非常大。而且，随着各个企业的陆续复工，口罩需求量不断上升，全国每天的需求量有可能超过5亿只。但是我国口罩的产能有多少？根据国家媒体报道的数据，2月3日，22个重点省份的口罩日产量是1 480万只。口罩需求的缺口是非常大的。而这只是中国的需求，如果从全球市场看，口罩的需求量是多少？所以说，口罩的需求是巨大的，产能的缺口也是巨大的。

实际上，口罩已经成为战略物资，面向未来，大家应该会常态化地储备口罩。世界范围内，几乎每几年就会出现一次或大或小的疫情，比如SARS、非洲猪瘟和禽流感。类似这样的疫情，会让人们越来越重视医疗行业。

广汽集团、比亚迪、上海通用五菱公司以及中设智能，它们开始生产口罩，是在利用这次疫情的机会，进军大医疗、大健康领域，这是业务多元化的战略举措。

转型还是赚快钱？是机会主义还是战略行为？可能在不久的将来，那些为了赚快钱而生产口罩的企业最后都掉坑里了，那些以此为契机进入大医疗、大健康领域的企业，都在顺利推进医疗和健康业务。

## 2. 抓住机会：敏锐洞察，快速行动

西班牙有句谚语：机会女神的头发长在前面。大意是：机会女神的头发长在前面，盖住了她美丽的脸，当机会女神走来的时候，我们看不清她的脸，不知道这是一个漂亮的女神，没有人去追求她、拥抱她。当她走过去了，我们才猛然发现这是机会女神，回头想去抓住她的时候，已经抓不住了——因为她的后脑勺光溜溜的，没有头发。这句谚语告诉我们，机会朝我们走来的时候，要敏锐洞察，一发现就毫不犹豫地拥抱“她”，抓住机会。

在疫情危机的状态下，机会奔涌而出、扑面而来，企业该如何抓住机会？天下武功唯快不破，抓住机会一定要有行动力。

## 3. 企业被动变革的五种情形

聪明的人总是少数，后知后觉的人才是大多数，企业也是一样的，优秀的企业永远只有20%，大部分企业都容易陷入被动的情形。

陷入被动、被迫转型的企业通常有以下五种情形：

第一种，因为疫情、洪水、森林大火、地震、海啸这样的自然灾

害造成巨大危机，被迫变革。

第二种，主要产品的市场在萎缩甚至在消失，很多企业被迫变革。

第三种，缔造企业过去成功的商业模式已经过时、丧失了竞争力，被迫变革。

第四种，由于组织臃肿、固定成本增加，造成利润急剧减少的时候，企业被迫变革。

第五种，自有技术过时、跟不上时代进化的步伐，企业被迫变革。

这次疫情危机，给众多自大、自傲和松懈的企业提了一个醒：我们经历市场经济的时间还是短，对于做企业的规律把握得还不够，危机和转型的经验还太少。

不管怎么说，虽然是被动变革，只要企业在被动的局面当中主动推进变革，也可以变成事后的主动。

### 富士胶片：从胶卷到大医疗、大健康

日本富士胶片公司就是由被动变革转变为主动变革的典型案例。他们在主要产品的市场萎缩甚至消失之后，经历了非常难熬的日子，壮士断腕，苦苦求生。从做胶卷到做数码相机，现在他们已经在做大医疗、大健康了。富士胶片还有很多其他的业务，是一个跨国多元化经营的世界级企业。

（1）彩色胶卷市场消失了

富士胶片公司从1934年开始做胶卷业务，随着数码相机在

2000年左右开始商品化，市场急剧成长，全球胶卷市场的销量在2000年达到最高峰之后，每年以平均10%的幅度下滑（图5-1），到2011年全球胶卷市场的销量已经非常少，富士胶片公司面临着重大转型难题。

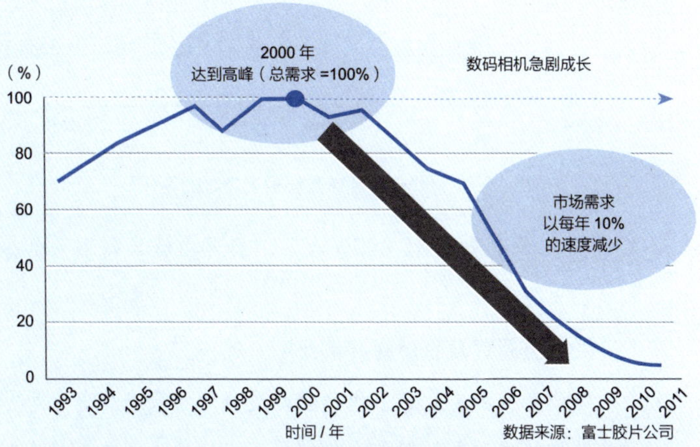


图5-1　全球胶卷市场的变化

（2）数码相机市场也急剧下滑

其实，富士胶片在1988年就推出了数码相机业务，数码相机真正商品化后，全球市场销量在2010年达到顶峰，全球的销量是1.2亿台。2010年以后，智能手机出现，手机逐步有了很好的拍照功能、录像功能，很快替代市场对数码相机的需求，数码相机市场开始每年以20%的速度急剧下滑（图5-2），2016年全球数码

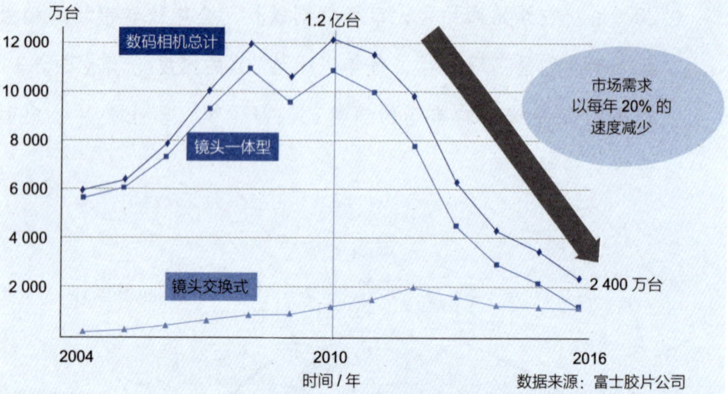


图5-2 全球数码相机市场的变化

相机的市场销量只有2 400万台了，到现在就只剩下一部分单反相机的市场。

（3）摄影领域拉动的技术开发

数码相机业务急剧下滑，面对这样的急剧变化怎么办？富士胶片的战略思路是：用数十年积累下来的技术优势，结合新的技术开发，拓展新的事业领域。

富士胶片转型的重要方法就是发挥自己在做胶卷业务、摄影领域所积淀下来的技术能力，通过掌握的既有技术优势，包括产品开发的优势、制造的优势，寻找新的市场机会。

小小胶卷，制造起来其实是非常难的。胶卷感光成像膜层的厚度只有20微米，也就是头发直径的1/5，却有20层材料，包含100种以上的化学物质，制造技术难度非常大，全世界只有4家公司可以生产。

富士胶片在生产胶卷过程中掌握了很多先进的技术，包括有机合成的技术、薄膜成型和薄膜加工的技术、光学的技术、解析技术、成像和软件的技术；因为开发数码相机，还掌握了相应的机械和电器的技术，这些都是富士胶片强大的积累。

在主要业务市场消失之后，如果进入一个完全新的领域是非常难的，风险非常大，成功的概率也很低，企业转型一定要发挥自己的技术优势。

（4）即时照相机：市场衰退中的销售突破

其实，富士胶片在转型的时候并没有简单地放弃胶卷业务、数码相机业务。

1998年，富士胶片公司根据个别的消费场景推出了一款即时照相机，叫作拍立得，也就是拍照之后立即成像得到照片的相机，同时推出了相应的相纸。当时数码相机还没有普及，富士拍立得相机最初推出时以高中女生为目标客群，在日本国内大受欢迎，实现销量大突破；但是随着有照相功能的手机上市，富士拍立得相机的销量出现衰退；2008年左右，富士拍立得相机进军东南亚市场，以东南亚为中心再突破；之后，聚焦“萌”的概念，推出的Mini8型号大受欢迎；后来，以成年男性为目标客群，推出的Mini90型号也获得了市场的认可。2017年，富士拍立得相机一年卖了750万台，到2018年，销售量已经超过1 000万台。

（5）技术盘点和重点业务领域的决策

市场变化，拍立得虽然卖得好，但是富士胶片公司不能靠这一项业务来救命，企业要怎么转型呢？

富士胶片公司首先进行技术盘点，分析自己的技术优势并对接到市场，再决定拓展哪些新的重点业务。

他们利用了二维矩阵进行全面分析，分别从技术和市场两个维度，根据现有技术、新的技术和现有市场、新的市场分成四个区域，分别从中寻找可以拓展的新业务（图5-3）。

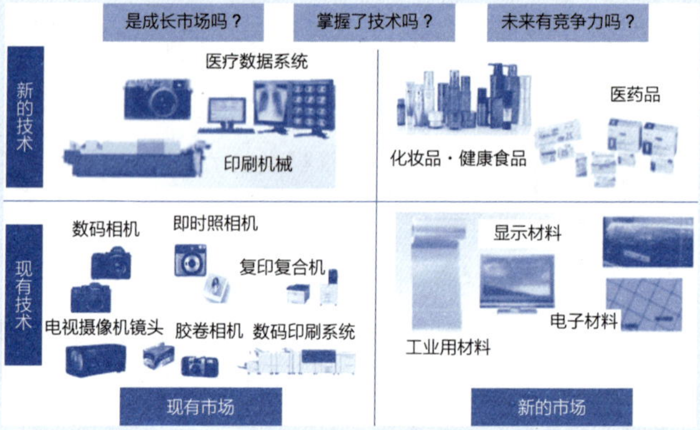


图5-3　富士胶片的技术盘点和重点业务领域的决策

在判断可行性的时候，他们从三个角度去思考：

第一，面对新的业务机会，这是一个成长性的市场吗？未来能不能增长？第二，在这个领域我们掌握了相应的技术吗？如果没有，我们稍做努力能不能够快速地开发出来？第三，进入了这个领域以后，未来我们会有竞争力吗？

通过这三个角度的思考，富士胶片找出了要进军的业务。

第一，对于现有市场，利用现有的技术去维持相应的业务。继续保留数码相机和即时照相机、一体化复合机、电视摄像机镜头、专用胶卷相机和数码印刷系统这五大业务。业务转型了，富士胶片也没有放弃这些业务，虽然这些业务在其营业额中的占比很小。

第二，在现有市场当中导入新的技术，来创造新的业务。富士胶片推出了印刷机械和医疗数据系统。

第三，利用现有技术开拓出新的市场。富士胶片决定进军显示材料、电子材料和工业用材料领域。

第四，在新的市场通过开发新的技术创造新的业务。富士胶片开拓了化妆品、医药品和健康食品业务。

这些是富士胶片公司的业务矩阵，这些业务每一个都必须有赢利能力，而不只是能做就行了。日本企业认为，任何一个业务都必须有赢利能力，没有赢利能力的业务，如果看不到改进的希望，就应果断地放弃。

（6）拓展性技术应用，推出功能性化妆品

第一个将现有技术结合新技术实现拓展性应用的案例，就是功能性化妆品。

为什么做胶卷的企业可以做化妆品呢？第一，富士胶片有材料的技术优势。生产胶卷用到的主要原材料叫胶原蛋白，胶原蛋白有美容的功效，可以保持皮肤的弹性。第二，胶卷要用到抗氧化技术。没有抗酸成分的彩色胶卷，25年后成像就会褪色严重；而当彩色胶卷中添加了抗酸的成分，能够几十年、上百年保持鲜艳的色彩。第三，为了提高胶卷的分辨率和稳定性，会用纳米技术，纳米技术可以提高成分的渗透力，这也可以用到化妆品上。胶原蛋白、抗氧化技术、纳米技术，把这些综合起来，再加上一些其他的新技术，富士胶片开发出了功能性的化妆品。

（7）拓展性技术应用，进军医疗系统

富士胶片第二个技术拓展性的应用案例就是医疗系统。

为什么富士胶片可以做医疗系统？富士胶片在做数码相机的过程中，掌握了软件的技术，能够用软件来做信息的处理；做胶卷相机、数码相机用到的成像技术跟IT技术结合，就可以得到很多新的应用。

富士胶片围绕医院和诊所，把散落在各个设备当中的相片、数码影像进行集成，通过一个软件把患者所有的信息和相关检查的结果，尤其那些成像数据信息集成在一起，变成患者的病历档案，开发出了医疗信息系统。

同时，利用在成像技术方面的优势和另外拓展的新技术，开发出了数码化的X光机、内视镜、超声波成像诊断装置、体外诊断系统。再把这些用软件打通，不是说只打通富士胶片的产品，不管是哪个品牌的产品，只要使用富士胶片推出的医疗成像诊断支援的智能化技术，就可以通过富士推出的REiLI系统集成起来（图5-4），这样对于医院和患者来说就非常方便了。

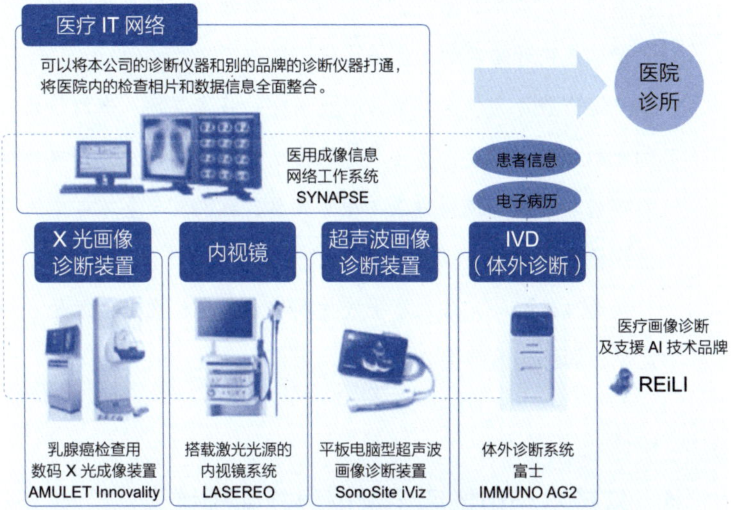


图5-4　富士胶片拓展医疗IT系统

很快，富士胶片就进入了医疗信息系统领域，包括硬件和软件。

（8）新开发业务：再生医疗

富士胶片开发出一个全新的业务——再生医疗。

什么叫再生医疗？就是使用在身体外部培养的组织或者是器

官，给因生病或者是事故造成重大损伤的人恢复身体的功能，比如缺了耳朵，就在体外培养一个耳朵。富士胶片进入再生医疗领域做的并不是体外器官培养，而是做相关的配套。主要是两个领域：第一，创药支援，帮助相关企业缩短药品的研发周期，降低药品的研发成本；第二，细胞治疗，通过开发有效的治疗方法，为新的疾病开拓新的治疗道路。

富士胶片为什么会选择再生医疗？技术层面，老的技术优势加上新的技术扩展，富士胶片认为这是可行的；另外，再生医疗的市场非常大，值得进入，根据预算，到2050年全球再生医疗市场规模将达到约2.4万亿人民币。

通过这样的方法，富士胶片实现了重生，现在已经是一个多元化、国际化的跨国公司。

## 4. 从技术和市场两个维度寻找新领域

企业要抓住正在涌来的战略机遇，首先要进行技术盘点，利用二维矩阵进行战略分析，从技术和市场两个维度，根据现有技术、新的技术和现有市场、新的市场形成的四个领域，寻找可以开发的新领域。

在判断可行性的时候，问自己三个问题：这个领域有成长性吗？在这个领域，我们掌握了技术吗？进入这个领域，未来我们有竞争力吗？

## 二、保持战略定力，从“危”当中洞察“机”

不要怕变化、不要怕危机，关键是要用机遇的眼光面对暂时的困境，企业家务必要保持战略定力，从“危”当中去洞察“机”。

保持什么样的战略定力？又如何去洞察机会呢？

### 1. 巨变环境当中，领导者必须保持的五大战略定力

北京大学国家发展研究院BiMBA商学院院长陈春花老师说：人最大的挑战是革自己的命。天不救人人自救。危机时期，行动起来，自救，这是领导者唯一的出路，也是企业唯一的出路，自救的过程是自我变革的过程。

自我变革，巨变环境当中，领导者必须保持的五大战略定力：

第一，领导者要有临危不惧、活下去的坚定自信。

第二，领导者一定要信赖员工、凝聚团队、激活能量，不能一个人焦虑，要跟大家讨论，要充分信任大家，让大家动起来。

第三，领导者要确定方向，要有高度的战略自信，一定要知道往这个方向走肯定是没错的。

第四，领导者一定要果断行动，要有不可撼动的意志和毅力。

第五，领导者一定要盘点家底，要做足熬过最艰难日子的准备。

## 2. 基于战略定力，从五个角度发现机会

用从心理层面到行动层面的战略定力应对危机，接下来，领导者的重心就是关注机会。

机会在哪里呢？疫情期间，眼前就有很多机会，要抓住它们；还要考虑到疫情之后，洞察新的机会，比如，过去我们不重视的新市场、新行业，不重视的新客户、新模式，过去我们不重视的线上、云端。

怎么样能够找到这些机会呢？看客户、看市场、看行业、看同行、看政府。

具体来说，就是要向外求，要走出去，去跟老客户、新客户互动，要贴上去，不要不好意思，看看客户有哪些困扰，有哪些需要我们的支持；去看市场，老市场、新市场，看看我们可以发挥技术优势、产品优势的新领域，有哪些可以着手做的；看行业，老行业、新行业，看看有哪些可以提供产品、哪些可以提供服务的；实在不行，就看同行，尤其是那些反应敏锐、走得快的、做在前面的，采用“跟随法”，跟着他们一起跑；还可以看政府，政府倡导我们怎么做、政府宣传的样板企业是什么样的，照猫画虎，做着做着，就会有很多点子出来，自己的特色也就出来了。

## 3. 先行动，再思考，能做的马上就做

既有的需求还在，新的需求在涌现出来。机会就在外面，比的是

速度。这个时候，还是要注意：先行动、再思考；而不是先思考、再行动。

在抓外部机会的时候，这个阶段不要计较自己的收益，也就是要无私地为客户着想，不要用私心来判断，只要能做的，马上就做。

从五个“看”去寻找机会，到底能不能找到机会呢？接下来介绍两个零牌顾问机构长期客户的转型应对案例。

## 北京载歌服饰：线下实体店+线上云店已成常态

这家公司创立于1998年，在全国有200多家直营门店，他们虽然有线上网店，但是做得并不好，勉强盈亏平衡。

现在，所有的线下门店都是停业状态，怎么办？经过短暂的讨论和准备之后，200家门店全面开启了线上营销。注意，这个线上营销不是在网店销售，网店该怎么营业还是怎么营业，这里说的线上营销，是所有门店全员行动起来，盘活会员客人，把回头客和固定客先激活，同时引流新客人，发展回头客。

除了跟老客户点对点互动，还做社群营销，最重要的是他们在新合作直播平台开通了自己的直播间。2020年2月23日中和休闲生活广场二楼专卖店就在直播间做秒杀专场促销活动：买一赠一，全国免费包邮。线上营销的效果非常好，2月24日，线上新零售做了一个星期，各个门店的销售收入就恢复到了疫情之前正常时期的80%～90%。

疫情已成常态，企业要赶紧行动起来，纯线下业务的企业一定要到线上去，每个企业都要开自己的直播间。

一个月不到的时间，载歌服饰成功转到了线上线下一体化的模式，既做线下实体店的传统销售，又用线上销售的方式导流到每一个线下门店，销售业绩、人效和平效大增。总经理汪谏奕说：这次疫情，把我们过去一直嘴巴上说但是没有做到的新零售做起来了。

200多家直营门店的公司，这么重的资产，疫情期间很快恢复了现金流，真是天不救人人自救、只要自救就能活下去啊。更关键是，所有的员工都给激活了，这是最大的收获，是企业最大的财富。

### 劳卡全屋定制：线上营销要花时间跟客户一对一互动

广东劳卡家具有限公司是做定制家居的，是中国十大家具定制品牌之一，他们的行动力也令人意外。他们在2月22日19：00~21：00两个小时的线上销售，成交996单，营销总监江辰介绍说：这是劳卡第三次线上营销，第一次是2月7日，成交了500多单，有103家门店参与，不算多；一个星期以后的2月15日，第二次线上营销有200多家门店参与，签单金额超过了1 000

万元；第三次300多家门店参与，门店签单额达到了超过5 000万元。

劳卡的线上销售并不是靠价格优惠，最主要的方法有三个：一是导入了松下的除菌产品，满足了疫情期间客户看重的除菌功能；二是承诺完全按照客户需要的时间送货；三是做到了客户不来店面也能出方案，通过线上沟通就实现了过去必须到店面才能完成的工作。

谈到诀窍，江辰总监说：关键是要舍得发微信，花时间跟客户一个一个单独互动，这样才能有订单出来。做营销没有诀窍，客户在哪里我们就要凑过去，一个一个客户积累，一张一张订单积累，才有好业绩。

## 4. 创造新能力，变被动为主动，才能抓住机会

长远一点来看，要抓机会，发挥既有优势还不够，还要创造新的能力，由竞争思维转化为共生的思维，也就是要打通到外部，跟别人合作、跟平台合作、跟关联企业合作甚至跟同行合作。这个时候要导入新技术、新方法、新工具，例如每个企业都必须开通直播间，跟客户沟通、搞营销活动，创造线上工作的新能力，这就需要企业快速学习、联合开发，必要的时候跨界合作。

## 用二维矩阵梳理转型思路

二维矩阵可以帮助企业系统梳理外部的机会以及切入的策略（图5–5）。从老技术、新技术和现有市场、新市场的角度，我们可以确定维持优势、开发新产品、拓展新应用和进行多元化的策略；从老产品、新产品和现有客户、新客户的角度，我们可以确定渗透客户、提供综合解决方案、开发新客户和进行多元化的四大策略；从老产品、新产品和现有市场、新市场的角度，我们可以确定市场渗透、抓住新需求、拓展新用途和进行多元化的策略。

通过研讨进行系统的梳理，形成完整方案，进入一个变被动为主动的状态，企业可以有序地、有条不紊地面对危机，最后的结果是产品矩阵更强大，更能全面满足客户的需求。

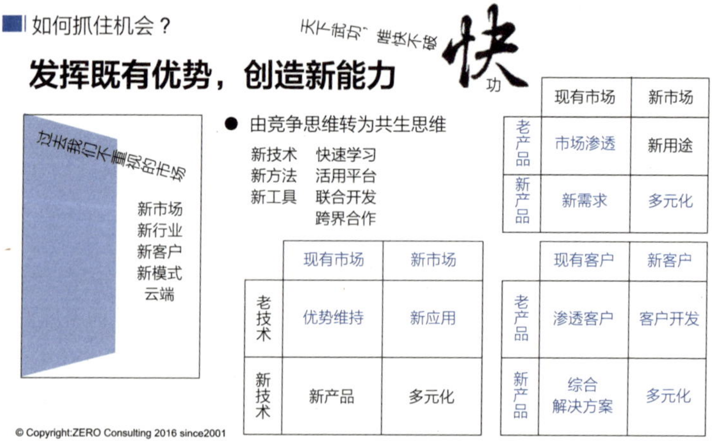


图5–5 企业转型思路梳理二维矩阵

## 将转型思路整理为产品开发九宫图

如果发挥原有优势，对老客户、新客户，老市场、新市场进行业务的拓展，就会出现很多非常完整的产品矩阵，将转型思路整理为产品开发九宫图（图5–6），直接指导行动计划。

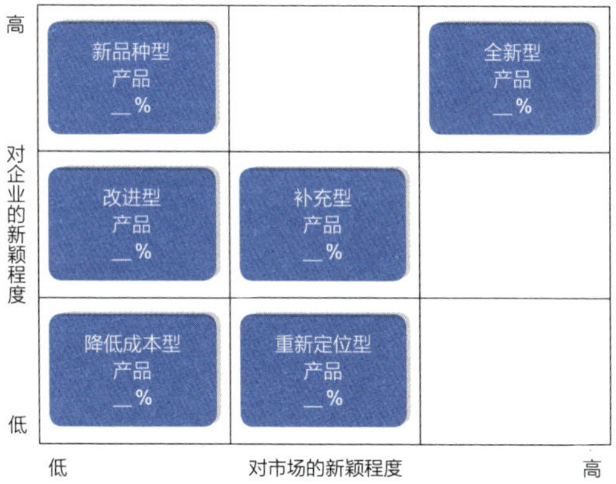


图5–6 产品开发九宫图

从对市场的新颖程度和对企业的新颖程度两个维度出发，企业的产品开发有六大类：降低成本型产品，重新定位型产品，改进型产品，补充型产品，新品种型产品和全新型产品。

## 日东电工：用“三新活动”创造新需求

日本有家公司叫日东电工，连续六十年推进“三新活动”，即开发新产品、开发新用途、创造新需求：为了满足市场的特定需求，不断开发新产品；当开发出一个新的产品之后，不要满足于用在当初确定的领域，还要看这个产品有没有其他地方可以用，也就是给产品寻找新的用途；这还不够，还要创造“新需求”，也就是看还有哪些地方通过跨界的结合会创造新的需求出来，把一个新产品开发得到的成果价值最大化。

日东电工持续推进新产品、新用途、新市场的“三新活动”，同时利用二维矩阵，从技术和市场两个维度不断拓展新业务，他们从做电绝缘胶布起家，现在是全球海水淡化业务做得最好的企业，他们还有医疗业务。这是一家非常多元化的公司，“三新活动”已经是他们的文化基因。

### 中设智能：不是做口罩设备，而是进军医疗生产装备领域

用产品—客户、产品—市场和技术—市场等二维矩阵和产品开发九宫格的方法来推进企业的战略转型，“危”中有“机”、抓住机遇，还要从长计议、拓展出企业的多元化业务。

前文提到的中设智能，全称是“广州中设机器人智能装备股份有限公司”，他们紧急推出了口罩无人化生产系统。

中设智能主要服务的领域有四个，分别是汽车行业、农牧行业、电子行业和智能家具行业，现在能够做口罩的无人化生产系

统了，这不是凑热闹，而是主动进入大医疗、大健康行业，也就是在往一个全新的领域拓展。在这样一个特殊时期，创造了成功的案例之后就很容易得到大健康、大医疗行业客户的信赖。他们展现了自己的技术实力，尤其是在短时间内推出一项新业务的技术实力，这不是简单提供生产口罩设备，而是进军了大医疗、大健康生产装备领域的战略举措。

## 三、“三步法”，抓住外部机会快速构建新的赢利体制

抓住机会、推出新业务、推出新产品、开发新客户、开发新市场，这还不够。从经营的高度来说，我们要把它们集成在一起，变成公司新的赢利模式，也就是能给公司带来销售收入的增长点和销售利润的增长点，要用三步法快速构建新的赢利体制：从新愿景到新能力，再到新组织——成为愿景先行型企业（图5-7），这样才能抓住新的外部机会。

图5-7　三步法快速构建新的赢利体制

## 1. 新愿景：明确公司的新愿景，全体员工共享

首先，企业一定要明确自己新的愿景是什么，从现在开始我们公司要成为一家什么样的新公司。这个时候确定大方向、大目标就可以了，比如说零牌顾问机构，在疫情发生之前，我们确定要成为一家全国性的公司，而且是全球运营。现在呢，我们的愿景是在原来的基础上要打造线上线下一体化模式，要成为一个具备线上服务能力的企业。我们一直做面对面的线下业务，但是一定要成为线上线下一体化服务、一体化运营的企业。

## 2. 新能力：为了实现新愿景，明确所需要的独特能力

为了达到新愿景，企业需要什么样新的能力？现在开始，我们要做什么、要迅速建立什么能力？这个时候，企业要先行动再思考，要想特殊的方法创造这种能力，千万不要纠结。

## 3. 新组织：为了缔造新的独特能力，创建学习型组织

现在开始，我们要打造什么样的系统、团队和组织才能缔造新的独特能力？这个时候，企业要打通各个模块，进行系统的集成：销·研·产要一体化，财务、人力资源、信息系统和行政后勤作为共享中心和业务伙伴，要支持销·研·产一体化快速响应市场，还要建立专家团队，融入业务一线，为外部的市场和客户服务。

# 四、快速试错，战略能力的最佳来源

企业有应变性的行动，先行动、再思考，敢于试错，到了一定程度，就会形成一个新的赢利机制。快速试错是战略能力的最佳来源。

## 1. 战略试错的四个基本条件

战略试错不是冒进，是有前提条件的。

传统意义上的试错，是边学边做、边做边错、边错边改、边改边提高。战略试错的基本条件是什么？

① 环境假设要基本成立。

② 企业的商业逻辑要基本成立。

③ 企业所需要的核心能力有希望建立。

④ 企业不做超过自己能量的事情。

## 2. 快速进行战略试错的四大要点

有了战略试错的条件，就要快速地进行战略试错，有四个方面要特别注意：

① 要设立战略止损线。企业战略试错，错到什么程度就不能继续了，要有标准。所谓战略止损线包括时间的止损线、费用的止损线

和风险的止损线，企业要提早设立战略止损线。

② 要快速实施、快速验证。无论是战略假设的问题，还是对策有效性的问题，要快速实施、快速验证，不要拖延，这样的战略试错才是安全的、有效率的。

③ 要快速调整、快速整合。有一些问题，企业通过调整和整合是可以应付过去的，是可以突破的。

④ 超越能量，快速撤退。一旦感觉到战略试错超越了企业的能量，就不要恋战、立即撤退。

战略试错理论隐含了企业家应该具备的冒险和创新的精神：敢于创新的心态，直面不确定性的能力，正视失败和困难的勇气，克服心理障碍，敢想敢干、当断则断、甘冒风险的精神，承担试错失败的魄力。

## 五、避免衰退：持续变革，持续进化

企业通过这一次疫情危机，一定要成为一个持续变革、持续净化的组织。要避免企业的衰退、避免企业在大灾大难面前免疫力不足倒下去。

### 1. 衰退组织的四大特征

衰退组织都有它的共性。松下V形复苏的改革功臣、前任总裁中村邦夫总结，衰退组织的共性特征有四个：

第一是傲慢，不听取客户的声音；第二是自我满足，总是认为自己是正确的，自己产品这么好，客户不买不是自己的产品有问题，是客户不识货，整个公司内部蔓延着这样的风气；第三是经常在公司内部关起门来讨论，而不是打开门来面向市场、面向客户倾听他们的声音；第四是害怕摩擦，组织内缺乏挑战意识，因为害怕破坏工作关系、害怕打破过去的秩序，不敢推动改革。

企业领导者可以对照一下：自己有没有这样的现象？公司有没有这种情形？

## 2. 塑造变革文化，强化变革能力

无数案例表明，企业没有办法推进改革、变革推进不力，原因大都出在公司领导者身上，主要有以下的表现：对于外部突发事件，只是被动应对；在事态恶化前，不去积极应对，只是被动的应对，很麻木、迟钝；即使是应对，也只是模仿别人，毫无创意；毫无创意的原因，是领导者思考深度不足。

这些改革推进不力的企业，本质上都是经营者的素质有问题。所以，领导者要改变只是认为员工要学习要变革的思维，学习要从自己做起，变革要从自己做起，塑造变革文化，强化变革能力。

## 3. 以应对危机为契机，推动组织变革

企业需要持续变革，持续变革才能不断进化。抓住危机中蕴藏的机会，把应对危机创造成公司发展历史上的关键事件，创造公司未来的历史，缔造具有危机感、变革就是常态的企业文化。

危机，是企业自我变革最好的机会，在这个过程当中，通过有效的应对、发挥团队的智慧，在企业文化中植入新的基因：公司危机应对的基因，互联网的基因，公司变革的基因。做到这些的关键是——企业要行动起来，要激活整个组织，激发整个公司所有员工生命深处的力量。

这次疫情危机对于每个企业都是生死大考。如果有战略定力、战略自信、战略举措，又知道如何抓住机会、缔造公司新的赢利机制，朝着这样的方向努力，每一个企业都可以活出一片新的天地。

| 第六章 |

# 如何奔向线上线下一体化模式、创造企业免疫新体质？

过去企业用线下来拉动线上，也觉得还可以，慢一点客户也能接受；现在，疫情常态下，线下见面受到了局限，线上能力成为客户选择的第一标准。用线上来拉动线下成为必然，线上的速度优势才能实现瞬时响应，最终打通整个供应链。

环境巨变之后，从线下到线上，再到线上线下一体化，实现经营可视化。经营可视化拉动供应链流程再造和组织变革，迈向智慧企业。所有的企业，都要向彻底的数字化迈进。

# 一、云时代，线上能力变为基本生存能力

环境变化以后，不只是眼前疫情的危机，企业的核心能力如果不能补充上来，以后还是会遇到危机。

## 1. 只有线下能力的企业即将被淘汰

纯线下企业已经难以适应时代的要求，企业如果没有线上能力将难以生存，企业的领导者要马上做出开发线上能力的战略决断，要断然行动，带领团队向线上进军，拓展线上线下一体化的运营模式，打造OMO模式，最终实现经营可视化，迈向智慧企业。

## 2. O2O：线上引流线下体验的模式

讲到OMO就很容易想到O2O，因为在OMO之前的模式就是O2O。

O2O的英文全称是Online to Offline，也就是线上营销及线上购买带动线下经营和线下消费的模式。淘宝类的电子商务发展起来以后，人们的消费行为习惯转变了，大家都喜欢到网上购买东西，原来是在

PC端，现在更多的是在移动端，随之而来的是电子商务、网上店面迅速兴旺，业务爆发式增长。但是发展到一定程度后发现不行了，因为网上店面也有它的局限，消费者缺少线下实体店的切身体验，很多产品的线上销售后劲乏力。线上店没有线下店，线下店没有线上店，于是就出现了线上引流、线下体验的O2O模式。

到了这一阶段，线上的网店要到线下开店，线下的店面要建设线上开店的能力。如果只有线下店面，就不能让更多的消费者知道你的品牌，因为消费者都到网上去买东西了，尤其是年轻人；如果线上的店没有实体店，也不能完全满足消费者的体验需求。O2O模式把线上线下打通，提倡既有线上店又要有线下店，实现线上引流、线下体验和购买，两者优势互补，给消费者提供及时、高质量的服务。

### 3. OMO：线上线下一体化模式

OMO的英文全称是Online Merge Offline，是线上线下相融合的一体化运营方式。不只是开店，所有的客户端的服务、企业内的运营还有整个供应链的流动都往线上走，是线上信息高度集成化的系统。前文提及的载歌服饰，虽然也有线上店，但是现在的模式是线下的实体店利用云端平台跟客户互动和服务。

OMO模式对所有的企业都是适用的。如果企业做的是B端业务（B2B），通常不会想到要网上开个什么店，比如零部件的企业，需要直接对接到客户，去跟他们讨论“这个零部件你们的要求是什么”，这种情况没办法用O2O，一定要用OMO模式。

## 二、云营销如何为传统企业赋能?

OMO模式的最终目标是迈向智慧企业。企业建立经营可视化的信息架构，通过集成化的信息系统将其实现。经营可视化可以实时看到整体和局部的数据信息，企业可以及时判断和决策，非常快速、非常有效。智慧企业的一部分是通过IT系统的自我学习来实现的，还有一部分是系统永远也替代不了的，就是企业领导者和团队人工介入的决策，这个非常重要。

接下来分享两个在疫情发生之后的真实案例。

### 化肥企业：疫情期间如何着手建设云端能力?

2020年2月底，某化肥企业董事长联系零牌顾问机构，请求马上着手帮他们策划辅导，建立云营销体系。农资企业最近几年都在说要做新营销，但是新营销怎么做，董事长的思路是“云营销”。

（1）见不上面也要能营销

化肥行业采用的是非常传统的分销模式——产品从经销商到零售商再到农户，疫情时期，线下营销活动根本做不了，企业见不到经销商也见不到零售商，更见不到农户，但是春耕准备必须马上开始，化肥企业谁先动起来，让经销商、零售商动起来，谁先见到农户、让农户知道，谁就能先建立优势，就能抓住更多的市场机会。

见不到客户，又必须推进准备春耕生产、实现销售，怎么办？董事长提出了要做云营销，不但是疫情期间要有云端营销能力，今后云营销应该是常态。

（2）五个问题思考云营销

怎么打造云营销系统呢？这可从下述五个问题进行分析，透彻理解这五个问题，才能找到建设云营销、奔向OMO模式的正确道路。

① 农资企业的客户是谁？

以化肥企业为例，过去我们认为农资企业的客户就是农民。农民是个体的概念，是不准确的，准确地来说应该是“农户”，农户是什么？农户是家庭经营单元。过去的农户是自给自足，但是现在的农户如果是靠自给自足是没办法活下去的，企业必须把它当作一个营利性的组织来对待。

但是农户还是不够精准，中国那么多农村家庭，如果每一个都去服务，不聚焦，就没有营销效率，农资企业聚焦的客户应该是中国的新锐农民。

新锐农民的特点是什么？这些人是农村当中最有想法的那一群人，他们有见识、有追求、有胆量、敢想、敢说、敢做；他们属于领头人，各个地方、每个村子，都有这样一些人。为了方便大家理解，给新锐农民群体起一个名字，叫“新时代的孙少安”。

孙少安是路遥的小说《平凡的世界》中的主人公之一，是在中国改革开放初期一个敢说敢干的农民代表，是发家致富的带头人。“新时代的孙少安”就是农村发家致富的带头人，他们带领着一大批大耕户辛勤耕耘中国的土地，如果为这一群人做好服务，就会有很好的示范作用，因此农资企业应该聚焦“新时代的孙少安”。

② 如何为客户创造价值？

如何为客户创造价值？大多数化肥企业都是根深蒂固的产品思维：把化肥卖给农户，农户买了化肥自己种地，这就是化肥企业给客户创造价值的途径。

但是现在不一样了：农户说“我买了你的化肥，你说得那么好，但是我种出的东西就是不好。”分析以后才发现，并非企业提供的化肥有什么质量问题，是农户的施肥方法不对，田间管理没做好。这个时候，企业就要从传统的硬件产品思维转到一种业务思维，也就是服务思维。

业务的需求来自哪里？需求来自应用场景。这个应用场景在化肥行业，聚焦于最终客户——农户，就是现代种植。

农户要种出好的农产品，就要确保作物生长所需要的营养，因此需要科学施肥。实际上，在种植的过程中，农户想种好却没有技术，或者懂技术却不全面。其实，农户需要的是综合的种植技术服务，我们把它定义为“营养技术方案”——化肥企业需要针对每一类作物有一个科学的营养技术方案，让农户在种植过程中科学施肥、种出好产品。

基于作物营养技术方案，化肥企业给农户推荐介绍产品套餐、施肥方案，这是个动态的过程，而不是把化肥卖给农户就完了。所以说，化肥企业不是做化肥的，而是提供种植技术服务的（图6-1）。

对于农户尤其是“孙少安”这样的新锐农户来说，他们得到的价值是什么呢？

首先，作物要种得好，也就是产出的农产品质量要好；其次，产量要高。质量好、产量高，农户的收成就好。

但是现在是市场经济，农户的收成好并不一定就是收入高，

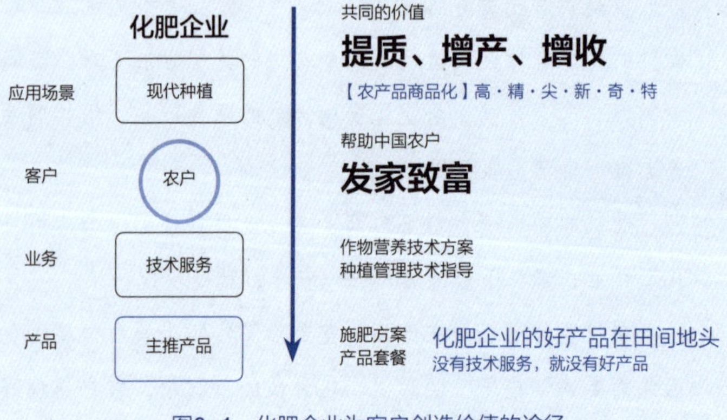


图6-1　化肥企业为客户创造价值的途径

提质增产却不一定增收。农作物有旺年，有歉年，旺年的时候全国产量大增，但卖不上价，增产不增收。这种情况对于农户来说，增产并没有创造价值。

所以，无论做化肥还是做其他农资产品，企业帮助农户就要帮到底，就是要帮农户增收，这样才有长期客户。

农户增收靠什么？靠农产品的商品化，也就是对接到市场端、消费端。农产品如果不经过加工，只是初级产品，也就是粗产品，通过企划、包装和营销推广，对接消费者需求才能放大价值，让消费者购买才成为真正的商品。

2019年12月24日，零牌木元塾在做培训的时候给每个学员发了一个苹果，上面有“平安”两个字——这两个字是长出来的不是印上去的，在平安夜这一天送一个“平安”果，价格是18元。

与此形成鲜明对比的是：2020年春节以前，陕西的苹果太多了卖不动，八毛钱一斤都卖不掉，最后烂在树上、倒在地里。

农业产品要商品化，就要对接到市场的需求，要有概念。用“平安”的概念，在种植过程中长出“平安”两个字，就需要有技术和方法。

农业产品要商品化，就要体现出高、精、尖、新、特、奇。化肥企业要帮助农户创收，就必须对接到市场，从面向市场的角度提供商品信息，帮助农户选择种植什么、怎么种、怎么商品化，进而提供技术服务。

所以，化肥企业给客户创造价值靠的不是制造，而是服务，化肥企业应该是服务企业。因此，农资企业的营销定位必须发生变化，应该是：深耕田间地头，赋能中国农业，无私服务，天道酬勤。

化肥企业的营销职能有三大使命：帮助农户提质、增产、增收，帮助经销商和零售商做强、做大，为公司培养品牌忠诚度高的用户。

基于这个使命，化肥企业的营销职责是做农户的高级技术顾问，做经销商和零售商的高级经营顾问，做公司的品牌大使。

③ 农资企业通向客户的路径

农资企业的目标客户是中国的“孙少安”，帮助新锐农民创造价值，就要看清楚农资企业是如何通向客户的。

传统的化肥企业通过经销商到零售商再到农户，农户从零售商手上购买化肥。在这样的渠道中，化肥企业离农户特别远，如果经销商变卦的话，企业不但要换经销商，还要重新寻找农户。要解决这个问题，要增强客户的黏性，那就不能用传统的方法，化肥企业要跟经销商一起服务于零售商，要跟零售商一起服务于农户，最终要直接服务于农户。这样，即使经销商变了，企业跟农户还有直接互动，企业的风险就小了（图6-2）。

企业直接服务于农户的目的是帮助零售商、经销商更好地服务于农户，让农户发家致富。企业以这样的一个模式去做的时

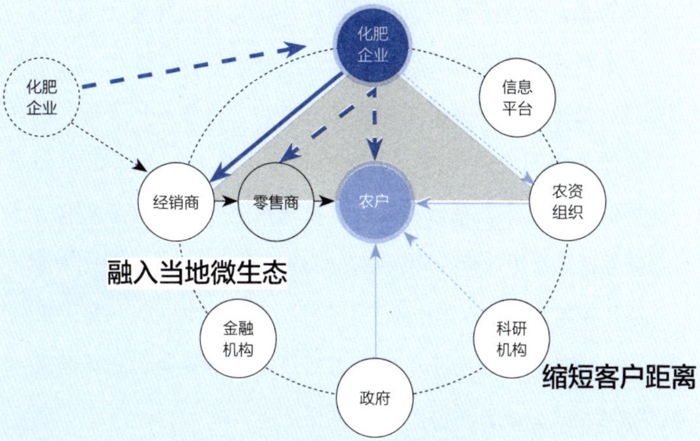


图6-2　化肥企业通向客户路径转变图

候，与农户的距离就会缩短。

过去化肥企业总是从单一产品、单一渠道的角度去考虑如何服务于农户。现在，企业要开始有“生态”的概念了，要跳出固有思维，去看看农户周围都有哪些人在帮助农户做好现代种植、发家致富，农户周围的环境是什么样的，生态是什么样的。

这个时候企业就会发现，农户周围除了卖化肥的零售商和经销商以外，还有很多其他的农资组织，做农业机械的，做种子的，做农药的，等等；还有政府在为农户提供技术服务，比如村委会、乡政府、农机站；还有很多科研机构，比如华南农业大学跟政府和农户合作在乡镇做示范田；越来越多的信息平台也在涉足农业，关心中国的三农问题；除了这些，还有金融机构，根据国家相应的政策向农户提供资金支持。

过去化肥企业用竞争思维经营，是排斥其他方的，但是从现在开始要用合作思维、共生思维服务农户，可以跟卖种子的合作，跟卖农业机械的、做灌溉设施的合作，跟科研机构合作，还要考虑怎么跟政府合作，把这些都打通以后，企业策划营销活动就不是势单力薄、孤军作战了，各个方面相融共生，一起服务农户。

所以，化肥企业不但要缩短跟客户的距离，还要融入当地的“微生态”，农户的黏性就会更高。

④ 农资企业如何进行优势营销?

首先，农资企业要帮助农户对接消费市场选择要种植的作物，针对具体的大田作物或经济作物，进行技术性营销活动，创造示范案例。

技术性营销活动有很多，做示范田、开技术讲座、开农民会，指导农户做好田间管理，根据作物生长周期有效施肥、科学施肥，在这个过程当中，自然而然就带出了企业的产品套餐，将销售融入服务。

示范田的测产要科学、透明、公平、公正，要有信用力，才能说服人。测产以后，农户发现用了这个品牌的化肥效果确实非常好，会发自内心地称赞，自然就会形成口碑营销。

通过技术性服务型营销，创造各种各样的示范案例，吸引、接触到更多的“孙少安”，扩大农户接触。通过技术性营销活动和扩大农户接触两个轮子来滚天下，形成一个正向的循环（图6-3）。

所以说，化肥企业的好产品不在店里面，而在田间地头。企业的营销现场，务必在田间地头，而不是在零售店，这是化肥企业必须建立的优势营销的基本思路。

⑤ 如何常态化地跟客户在一起？

因为疫情的原因，化肥企业见不到经销商、零售商，更见不到农户，但是春耕准备又必须开始，企业抢市场靠的是速度，怎么办？

到线上去。

但是线上跟线下还是有很大不同的。线下与客户在一起有很

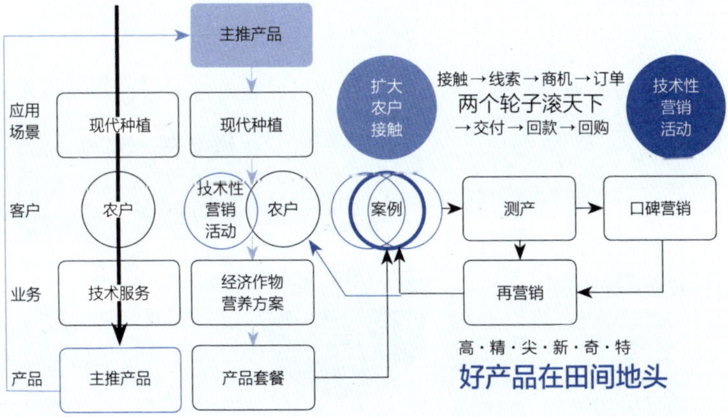


图6-3　农资企业的优势营销

多的好处，首先是亲切、人文性很好，可以跟农户在一个空间、一对一地互动；可以融入客户端的场景，可以到田间地头；可以跟客户进行充分高效的信息交流，把握农户的个性化需求；可以瞬时响应客户，提供一对一的差异化服务。

线下的局限就是企业人手不足，有时间的、空间的限制，有互动频度的局限、互动量的局限、互动效率的局限，还有群体互动的局限。

针对这些局限，线上与客户在一起就是一个很好的补充，线上线下融合实现优势互补（图6-4）。

因为是在云端，线上搭建了很多平台，可以经常、随时在一起互动，可以一对一地沟通，也可以在群里一群人一起互动。更关键的是，群体互动可以交叉影响，有传播的放大效应，不但可以提供标准化的服务，还可以加上变化点的管理、形成一个差异化的服务。但是，线上也有这样那样的局限，这些局限恰恰又是

图6-4　实现优势互补的线上线下融合营销

线下的优势。

所以，最终企业要解决常态化地跟客户在一起的问题，就必须往线上走，而且要把线上线下融合成一体化的系统。

（3）建设云营销系统，通过营销可视化实现动态决策

云营销要做到营销可视化，在企业ERP信息系统的基础上，开发专门的模块，用App打通经销商、零售店和农户，做到客户看得见、需求看得见、订单看得见、公司每时每刻的销售收入看得见、交付（出货）看得见、回款看得见（图6-5），营销可视化的目的是时时刻刻掌握全国营销状态，实时进行营销决策。

（4）云营销要面向客户提供服务、开展营销

建设云营销系统，做到农户可以在手机端直接下单、付款并跟进到货情况，零售商和经销商可以跟进所负责区域的整体需

图6-5 营销可视化的云营销系统

求、订单、交付和回款情况，企业可以直接对农户进行云端客户服务，包括技术培训。

在云端策划营销活动，用云端的网络效应起到放大和传播的作用，这是云营销要实现的另一个重要功能。创办自己的云课堂，进行云端教学和云端服务，原来在田间地头的线下营销活动，可以通过直播辐射到全国。

## 松下（中国）的云斗经

冰箱、彩电等家电产品，一年的几次节日高峰销售，叫作“节日经济”，主要是五一、十一、元旦和春节，这四个大假日期间的销量占了全年销量的百分之八十以上。如果在某一个假日销售做得不好，造成非常多的库存，企业一年的经营业绩就会大受影响，销售收入和利润就难以保证。

早在2006年到2008年，松下（中国）就开始了一种每天调整促销策略和产品价格、最终清空库存的方法，有人称为“松下（中国）的云斗经”。

以国庆巅峰销售为例，首先是制定销售目标：国庆节期间电视销量要达到多少，才能确保到假期第七天晚上的时候，所有的库存要清空为零。怎样才能达到这个效果？松下（中国）采用三步走：第一步是备战，第二步是销售，第三步是复盘（图6-6）。

最初级的营销可视化

**松下（中国）的云斗经**

**奋战**

2006—2008 年

制定销售目标 **国庆巅峰销售** 售罄 · 清空库存

节日经济

**备战**

☆ 预测销量、制定日标
- 总目标及产品结构
- 7 天 S-P-I 数据目标
- 最终：7 天售罄，清空备货

☆ S-P-I 计划
☆ 促销活动设计
☆ 备货
☆ 一夜城作战

**销售**

☆ 首日按计划开展
☆ 每晚现场促销员上报数据
- 松下销量及客户反馈
- 竞品价格及手段、销量

松下提供手机，发短信上报

☆ 每晚全国汇总分析
- 松下销量及客户反馈
- S-P-I 数据管理及预测

☆ 决定次日促销方案
- 优惠、折扣或价格调整

☆ 第七天：清空库存

**复盘**

☆ 战绩复盘
☆ 销售收入未达分析
☆ 应对过程的改进点
☆ 竞品品牌的标杆管理
☆ 数据模型的优化
☆ 输出复盘报告
☆ 制订行动计划

图6-6　松下（中国）的营销可视化实践

第一步，备战。首先要做的是预测，参考往年的销售情况，再结合今年的变化点，预测销量、制定目标，不但要有总目标，还要制定这七天的S-P-I数据目标，最终要做到第7天晚上售罄、清空备货。

一般来说，S是销售，P是生产，I是库存；但是对于销售门店来说，S是销售，P是进货，I是库存。基于预测得到的S-P-I计划，要对接到工厂的生产，然后进行促销活动的策划和设计，再接下来就是备货，最后是“一夜城作战”。

“一夜城作战”是什么意思？就是9月30日晚上必须更换所有店面（包括大卖场的档口）的陈列，布局好促销的整个环境，把主推的新产品、价格最好的产品跟其他的产品搭配展示出来，吸引消费者来采购。

第二步，销售。销售的第一天按计划开展，晚上促销员要上报数据：店面每一类产品销量、客户的反馈，竞品的销售价格、促销手段和销量等。为此，当时松下给每一个门店的促销员配备手机，规定每天晚上八点要将信息发送到松下（中国）总部，由营销中心汇总、分析，根据销量和客户的反馈以及竞品的价格和促销手段，确定次日的销售策略，决定第二天的价格和促销方式，目的是把销量做上去。

在松下（中国）总部，营销部门把所有的销售信息都纳入表格管理，通过研讨快速做出第二天的优惠促销措施和价格，每天都有最新的促销策略和最新价格给到全国所有店面，上午一开业就马上行动起来，最终实现在第七天清空库存的目标。

第三步，复盘。一周销售下来，马上进行战绩复盘：有没有真的清空库存，实际的促销价格跟原来预计的有多少差别，有多少销售收入的损失，对市场的哪些预期理解是有偏差的；对整个应对过程进行分析，发现改进点，还要对竞争品牌做得好的地方进行分析，做标杆管理；另外，还要把此期间的销售数据做成模型，用于精确的成本分析。

战绩复盘最终要输出书面化、电子化的复盘报告，将实战学习的成果沉淀下来，融入组织体系中；还要制订下一步的行动计划，用以指导接下来的元旦和春节的巅峰销售。

这样一种假日经济、节日经济促销的方法，松下（中国）后来把它IT化、系统化，通过营销可视化系统快速决策，实现自动采集数据、自动输出模型，让系统给出决策的建议；如果建议可行，就直接按系统的建议执行，如果需要就人工干预后再执行。

## 1. 由云营销迈向经营可视化

企业要迈向智慧企业首先要做到经营可视化，营销可视化是企业经营可视化的第一步，因此企业要做云营销，云端看得更清楚、看得更全面，能瞬时响应，并能放大线下的优势。云的能力由过去小部分企业的核心能力，变成了现在大部分企业都应该具备的基本能力。

营销可视化的好处，是帮助企业动态地进行营销决策。基于以上讲到的几个“看得见”，我们进行营销分析，进行营销决策，进行风险的预计，以及及时的应对等；除此之外，再把营销可视化拓展开来，还可以做云端客户服务、云端合作。

## 2. 云营销：打通全价值链

企业推进云营销，迈向线上线下一体化的OMO模式，在内容上要覆盖技术支持、全程服务、综合服务和跨界服务，要对接到客户端、对接到销售现场和销售管理；在手段上要建立线上服务的能力、线下运营的能力，还要把全链打通做到一体化，还要能够做技术性营销（图6-7）。

线上线下打通的营销可以打通全价值链。在企业的核心业务流程中，信息流拉动工作流、工作流拉动物流、物流拉动资金流。营销可视化打通全价值链，可以加速信息流、加速工作流、加速物流、加速资金流，最终放大库存价值。

整个供应链当中，加速流动才能实现库存最小化，放大库存的价值。松下（中国）为了供应七天的销售，要做销售预测，要提前生产，产品做出来了就必须售罄。如果能够时刻看得到销售的情况，就能马上调整第二天的销售策略，库存就可以最小化，就不会造成库存的浪费。

图6-7 云营销的内容和手段

## 三、如何用线上拉动线下、加速业务流?

基于这样一个大的环境变化，企业领导者必须做出战略决断：现在就开始开发线上能力。

### 1. 领导者是总设计师，必须做出开发线上能力的决断

企业领导者有三大角色：第一，是公司的领导者，是组织向心力的中心人物，需要统率员工；第二，是公司的代表，是代表组织仅有的一位人物，对于市场和社会来说代表着公司的脸面，是守护营销人员和企业的堤坝；第三，是公司的总设计师，领导者是公司愿景和战略的总设计师，是公司组织架构、职责和运营的总设计师。所以，领导人的一举一动都非常重要。

作为总设计师，领导者要做两个大的设计，第一个叫战略的设计，第二个叫组织架构、经营架构的设计。

做战略的设计，是要确定公司的整体大方向，设计资源的分配方式。这要求领导者要有“战略眼”，也就是战略的眼光，要清楚什么是重要的，什么是无关紧要的，精力该集中在哪里，该容忍什么。

做组织架构的设计，就是要设计整个公司的经营体系，包括组织架构和管理体系，也包括信息系统，还要设计人员的配置，这叫“组织观”。这种决策没有其他人能够替代。

## 2. 从企业一体化运营看信息系统进化

开发线上能力这样的一个大的决策，在企业的系统当中，处于什么位置呢？

完整的企业系统包括三大层次十三个模块（图6-8）：最下面的运营层以核心业务流程为载体，通过营销、研发和生产（交付），面向市场客户创造业务价值，只有销·研·产一体化才能快速响应市场，加速资金流动和资金增值，财务、人力资源和信息系统要融入业务、支持销·研·产一体化。

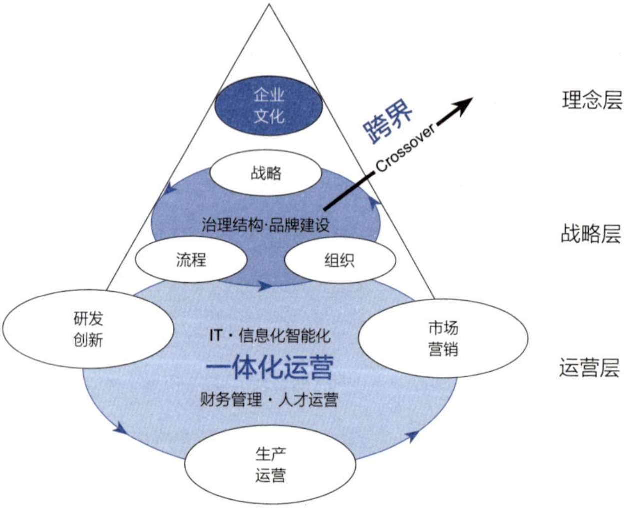


图6-8 企业一体化运营体系

过去很多企业对信息系统是不够重视的，要实现营销的可视化迈向经营可视化，没有信息系统的与时俱进做不到。以OA、ERP为代表的传统信息系统主要是面向内部的，现在企业要往外走，信息系统一定要进化到与供应链融合、与产业和社会生态融合。

比如，现在大家都有这种物流体验，“我给您发了一个快递，请您注意查收。”结果三天都没到，“到哪里了?”网上一查，马上就知道快递具体到哪里了，心里面就很清楚了。现在已经完全实现了线下物流在线上看得见，企业把外部物流快递平台的信息导入企业的营销系统中，“这车货已经到了郑州，正常明天上午十点钟左右能到贵公司生产现场。”这样的信息给到客户，客户就很安心了，这就是交付看得见。

再如，企业每时每刻都有钱进账，过去的账户信息都是在银行端，要财务的人查了才知道回款状态，现在不用专门去查了，因为银行有短信通知。但是这还不够，把企业系统和银行信息平台打通，显示在企业的某一个界面上，每时每刻都可以知道回款、应收款和应付款的状况，这就是回款可视化。

信息系统进化会拉动企业的进化，使企业看得更清楚，最终实现经营可视化。领导者要做出建设大信息系统的战略决策；之后要做投入，要有预算，要做人员配置；接下来，领导者要行动，而且是先行动再思考；领导者还要做规划，要进行信息架构设计、推进系统集成。

### 某陶瓷集团的敏捷供应链系统再造

一个数十亿元年营收的陶瓷集团，决定推进敏捷供应链系统再造。他们的现状是：缺乏科学的预测方法，计划不如变化快，库存管控不平衡，供应链职能信息不对称；主要的问题是：库存的问题、品类的问题、衔接效率的问题、产能和需求匹配性的问题、外发加工的OEM厂家的管理问题。

（1）把握供应链现状，识别问题

供应链问题集中表现在库存：总量居高不下、越来越难控制，库存的结构不合理，无效库存占比居高不下，包括长库龄的产品、非主推的滞销产品、淘汰的产品；库存品类非常复杂，物料料号过多。此外系统数据非常复杂，产品销售的贡献不集中；衔接效率非常低、矛盾频发，包括客户跟销售需求的衔接、排产和生产之间的衔接、OEM采购计划的衔接；产能需求匹配性的问题；还有OEM厂家管理的问题。

（2）确立四大目标

解决现有痛点，供应链运作基本顺畅；实现库存结构合理；订单准时交付率达到90%；做到供需基本平衡，消除产、供、销的主要矛盾，尤其是生产基地、OEM采购与营销之间的矛盾。

梳理后得出结论：企业必须进行供应链系统再造，重构供应链竞争力。抓住市场信息、抓住高质量的订单，通过柔性生产来实现瞬时响应；把目标跟手段、营销的前端跟供应链的前端对接起来，构建一个有自己特色的敏捷供应链系统。

（3）客户轴、供应链轴和产品轴三轴联动，敏捷响应市场

敏捷供应链再造，要将客户轴、供应链轴（订单轴）和产品轴打通为一个系统（图6-9），系统图中的箭头朝右的叫推式，朝左的叫拉式，用订单拉动整个供应链。

订单来自哪里？来自消费者和B端业主。消费者通过装修公司、装修设计室对接到门店销售，也有部分是直接对接到门店销售；B端业主则是通过建筑公司、设计院对接到门店销售，或者是通过企业的直销部门跟设计院去对接，然后再对接到销售门店。

（4）用POS系统实现订单拉动

因为采用的是品牌加盟的方式，除了直销部门的数据，其他详细销售数据品牌企业根本不能掌握，但是直销比例是很低的。怎么办？

必须有POS系统，不管是加盟店、代理店，还是直营店，都要用POS系统，所有获取到的需求、接收到的订单、出货数据要从POS系统导出。这个POS系统就是最终销售点上的数据系统，如果能够覆盖全部的销售点，品牌企业就可以看得到全国1300多个销售点POS系统集成过来的信息，就可以清楚地知道哪个点出什么货，哪个点在谈什么单，哪个点接触到什么客户。

掌握销售点的信息，品牌企业就可以对需求进行管理，需求

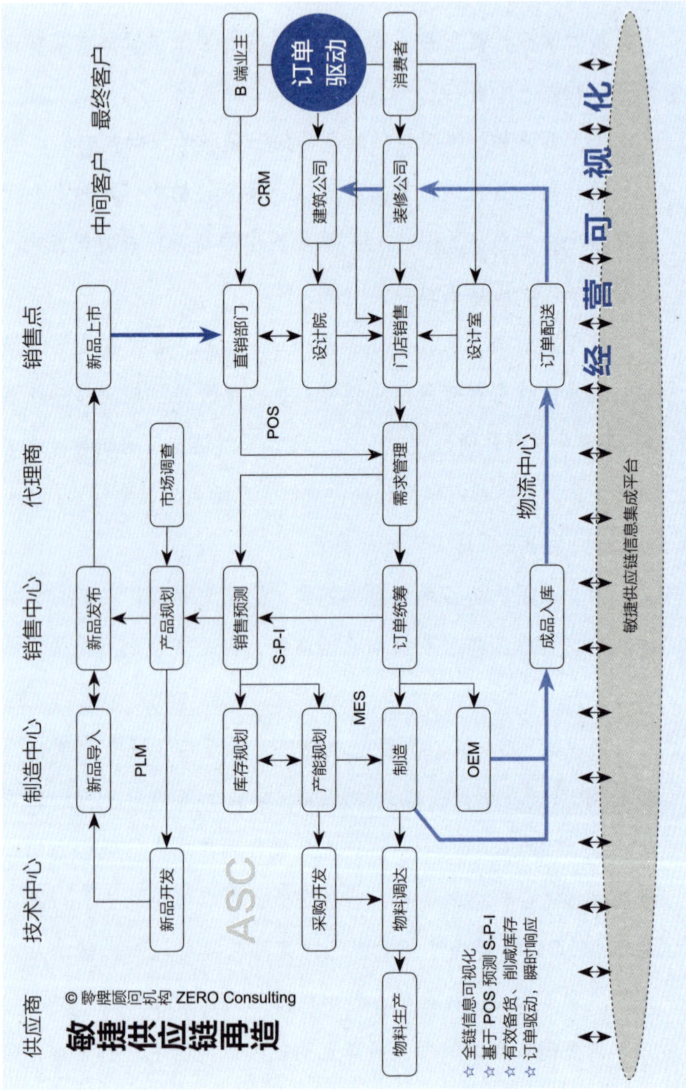


图6-9 敏捷供应链系统架构设计

意味着未来的订单。有了需求管理就可以进行订单统筹，就可以对接到制造和OEM厂家，制造有了订单、制造的计划就会有物料调达的需求，就会对接到前端供应链的物料生产，这个时候就开始拉动了。

（5）用需求拉动供应链前端

由需求管理进行销售预测，就可以进行S-P-I，销售、生产和库存计划联动，就可以做库存规划、产能规划，根据产能规划提早进行采购开发。

当企业通过供应链把这个订单拉动起来，再由订单拉动生产，无论是内部工厂制造的产品，还是OEM厂家贴牌生产的产品，成品入库以后通过物流中心，按照订单配送到装修公司、建筑公司，在施工现场为消费者或者B端业主进行服务，这个时候就形成了物流。

信息流拉动工作流，工作流拉动物流，物流拉动资金流。

（6）用销售预测进行产品规划

运用上述系统，企业还可以根据销售预测和市场调查对接到产品规划。产品开发计划导入到生产、做新品发布、推向市场，这就是新品上市。新品上市又通过销售门店对市场对目标客户群体进行预见性营销。

（7）迈向经营可视化

企业创造价值的核心业务流程有三个：产品开发流程、客户开发流程和订单执行流程，对应的就是产品轴、CRM轴和SCM链轴，把三个轴打通之后，利用敏捷供应链的信息集成平台实现产品研发可视化、营销可视化和订单执行可视化、客户数据可视化。

基于这样的可视化，企业的库存有多少，效率如何，成本怎么样，销售收入怎么样，应收款和应付款状况及利润高低的信息全部被打通，就实现了经营业绩可视化（图6-10）。

有了这样的大信息系统，企业就上升到了经营可视化。

（8）经营可视化拉动企业及时决策，确保健康快速发展

建设三轴联动的大信息系统，用订单驱动全链响应，需要有实时销售管理（POS）系统，做到销售可视化；需要有资源计划管理（ERP）系统，做到S-P-I可视化；前端需要有制造执行（MES）系统，使系统实现制造过程可视化。这是从供应链轴、从出货的角度。

要有客户关系管理（CRM）系统，实现客户的可视化，这是CRM轴；还要有集成化产品开发（IPD）系统，实现产品开发可视化，这是产品轴。

产品轴、CRM轴和SCM轴三轴建立以后，通过大信息系统打通，还需要再加一个模块，就是经营绩效管理（OPM）系统。

形成这么一个集成以后，实现了经营绩效可视化，企业就可以清楚地知道：最近现金流不好，应收款太多，哪个客户欠的款

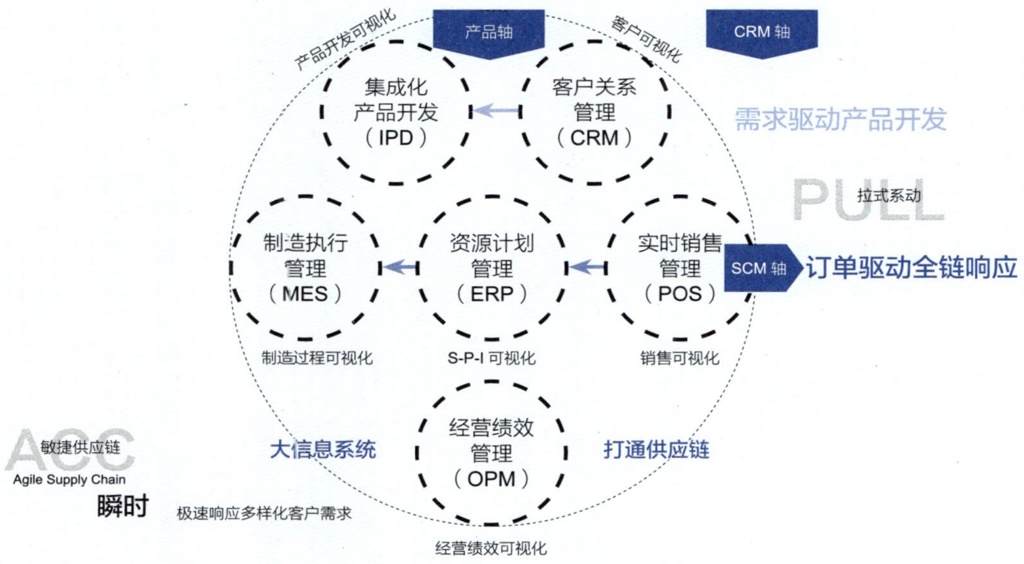


图6-10　经营可视化大信息系统

项超过了给它的授信，这个时候系统会亮红灯或黄灯，为领导层和管理层决策提供指引。

经营可视化大信息系统让企业每时每刻都知道公司的经营状态，就可以提醒企业及时决策，确保健康快速发展，迈向智慧企业。

### 3. 六大模块推进信息化，拉动企业再造

巨变之后的市场和社会环境，要求企业加速信息化：打通客户，接触到B端和C端客户，要有实时的市场前端信息；打通全供应链、瞬时响应，要有实时订单响应信息；打通市场、洞察需求，要有实时的产品开发信息；打通全供应链、有效决策，要有实时的经营绩效信息——信息化会拉动企业再造（图6-11）。

信息化系统现在已经成为企业至关重要的生存和发展基础。企业通过信息化拉动企业再造，迈向智慧企业，做到订单驱动、瞬时响应、科学预测、有效规划，做到缩短距离、洞察需求，做到快速流动、削减在库，做到创造客户、供应链全链共赢。

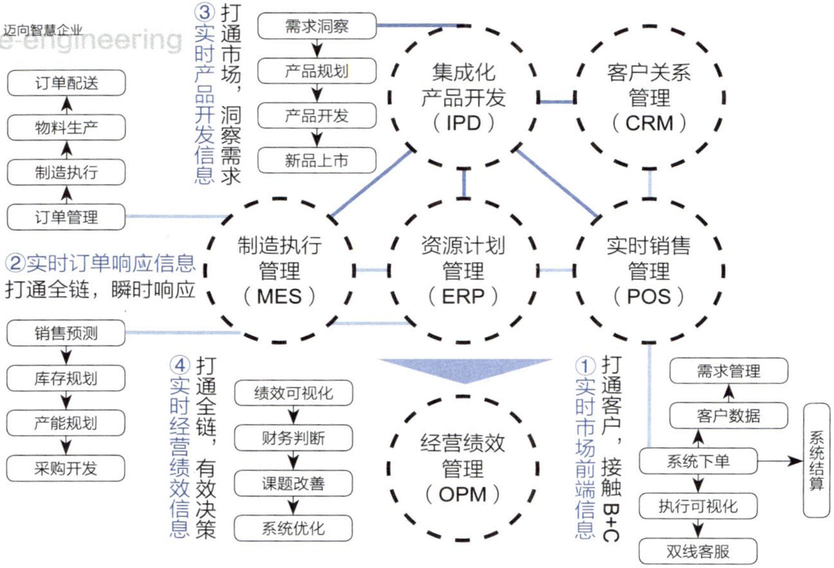


图6-11　六大模块推进信息化执行图

## 四、拓展线上线下一体化的运营模式

转战线上，过去很多老板都想过、很多企业都想过，但是因为这样那样的原因就是没做，现在不做不行了，真的生死攸关了，企业要寻求具体的突破。

带领团队向线上进军，领导者一定要做出这样的大决策，这是一个大机会。具体怎么进军呢？

### 1. 从线上客户服务开始，用线上拉动线下

首先是将线上和线下打通，疫情危机时期，要活下去，就要尽快恢复业务、恢复现金流，否则很危险。怎么办？立即可以做的是线上客户服务，可以对接现有老客户，做业务讨论，做信息互通，做业务的对应。有了客户服务，就有事情要做了。

跟客户线下不方便见面，就线上见面，要有线上工作机制（图6-12），有了线上工作机制，以后恢复正常了，企业就可以线下线上根据需要选用，瞬时响应成为可能。

线上工作机制就是通过线上的流程、线上的互动实现业务运转、线上交付，用线上交付拉动线下的交付，接下来要做到线上运营——也就是整个公司能在线上运转起来，包括云端开早会，在钉钉、微信、腾讯会议上开早会、做培训、安排工作。

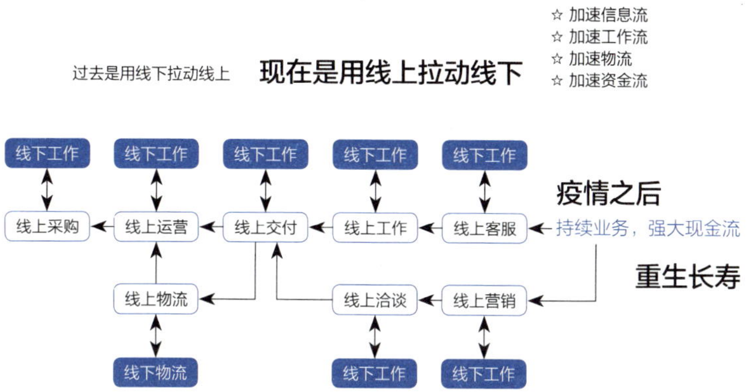


图6-12　线上拉动线下工作机制

（注释：线上工作指通过网络工作）

线上交付拉动线上运营还不够，还要拉动线上物流，做到物流可视化。线上运营以后还要有线上采购，也就是跟供应商之间也要建立线上的工作机制。

## 2. 建立线上营销能力

从线上客户服务开始到线上运营，针对的是老客户，企业还要有线上营销，在给老客户服务的同时要创造新客户、获取新业务。

因此，企业要做线上引流，通过策划和实施线上营销活动，不论是技术型营销还是服务型营销，把私域流量和公域流量引流过来，接触客户、创造体验、获取商机，之后进行线上洽谈。

那接下来，要有线上的营销活动，包括基础性营销和促销活动，还要有线上的私聊互动，以及有线上的商机跟进。线上是可以开发客户的，我们B2B企业完全可以做到线上营销。线上营销以后，进行线上洽谈，包括需求的沟通、方案的编制、方案的洽谈。谈成了，线上交付，拉动线上运营、线上物流，拉动线上采购。

## 3. 拓展线上线下一体化运营模式

全面建立线上能力之后，将线上线下打通，怎么打通呢?

疫情期间企业要恢复业务、恢复现金流，接下来是业务持续，要有更强大的现金流，要逆境重生、迈向长寿，就要常态化地将线上工作对接到线下工作，用线上交付拉动线下交付，将线上运营对接到线下工作，线上采购也要对接到线下的工作——比如说线上下达采购订单之后供应商要送货过来。

线上营销要对接到线下营销、线下的工作，线上洽谈也会对接到线下的工作，线上的物流也要对接线下的物流。

线上线下一体化的OMO模式，以线上为主体，用线上运营拉动线下运营更加有效，因为线上是信息流，看得更清楚、反应更快，倒逼线下的工作流（业务流）、物流和资金流加速。

过去企业用线下来拉动线上，也觉得还可以，慢一点客户也能接受；现在，疫情常态下，线下见面受到了局限，线上能力成为客户选择的第一标准，用线上来拉动线下成为必然，线上的速度优势才能实现瞬时响应，最终打通整个供应链。

# 五、经营可视化，迈向智慧企业

OMO再往后走是什么？就是经营可视化，迈向智慧企业。

将先进信息技术、工业技术和管理技术深度融合，对企业进行数字化改造、智能化应用，加速向OMO转型，迈向智慧企业。通过智慧企业建设，完成与“互联网+”社会生产力的和谐对接，加速公司与外部新生态的融合，进一步释放员工的创新创效活力，创造可持续发展的原动力。

## 1. 经营可视化拉动企业快速决策

什么是经营可视化？孙悟空能翻筋斗云，用孙悟空在云端来比喻经营可视化，用大云端、大数据系统，让经营看得更清（图6-13）。从市场可视化、客户可视化、营销可视化、供应链可视化、产品开发可视化到内部运营可视化，最终集成在一起，实现经营绩效可视化。

企业领导层是根据经营绩效进行决策的，经营绩效好还是不好，哪些指标好、哪些指标不好，设定相应标准，也可设立绿灯、黄灯和红灯标识，常见指标包括现金流的指标、收入结构的指标、营利性的指标、财务体质的指标（如负债率）、风险点的指标、经营效率的指标（如资金回报率），还有整个股价和公司市值的指标等。

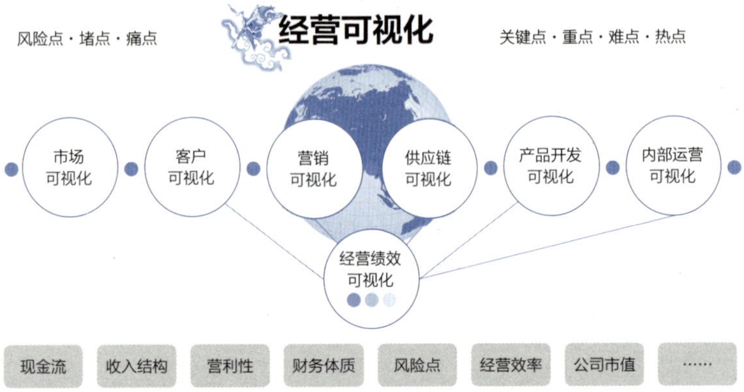


图6-13 经营可视化构成系统

过去，企业的各类指标是按一定周期进行统计的，存在数据滞后、决策延迟的问题。现在，通过大信息系统，数据可以实时在移动端和PC端看得见，是每时每刻的状态，系统还会预警提示，不看还不行，这样，领导层就很容易发现公司经营过程当中的风险点、堵点、痛点、关键点、重点、难点和热点。

经营可视化了，就可以快速做出反应，从云里雾里到云端俯瞰，经营可视化让企业经营更加科学，速度更加及时，最终会迈向智慧企业。

## 2. 智慧企业的三大标志

经营可视化是手段，目标是迈向智慧企业，智慧企业有三大标志：

①彻底的数字化，彻底的数字化实现经营可视化。

② 智能化的应用，也就是进行动态的、科学的决策。企业大信息系统有自我学习能力，大部分决策可以由系统做出判断、做出决策。人的智慧在看得见的未来都没办法用系统百分之百替代的，另外一部分决策是靠领导层人工介入。

③ 共生型组织，智慧企业一定是人融入产业生态、社会生态甚至要融入全球生态，不是竞争思维，也不只是合作思维，而是一种相融共生的思维，建设良好大生态，生态圈内的一切共同生存、共同发展、共享繁荣。

## 3. 迈向智慧企业的埃森哲经营管理模型

推进信息化，迈向智能化，目前全球迈向智慧企业普遍使用的一个模型，是由美国的埃森哲咨询集团开发的（图6-14），也是一个经营管理的大模型。

埃森哲模型为企业进行大信息系统的架构设计提供了清晰的指引，旨在转动整个经营流程（PDCA）的组织和信息系统。从中期发展规划（中期战略）到年度目标制定（年度经营），再分解到年度预算编制和业绩预测，最后落实到过程监控，对应企业的经营层、管理层和业务层，设计不同层次的可视化，目标是将中期目标真正落实到日常运营。

大信息系统既是迈向智慧企业的结构载体，也是新型企业系统的内核，以数据结构（统一代码）为基础，设立基准和规则，对流程

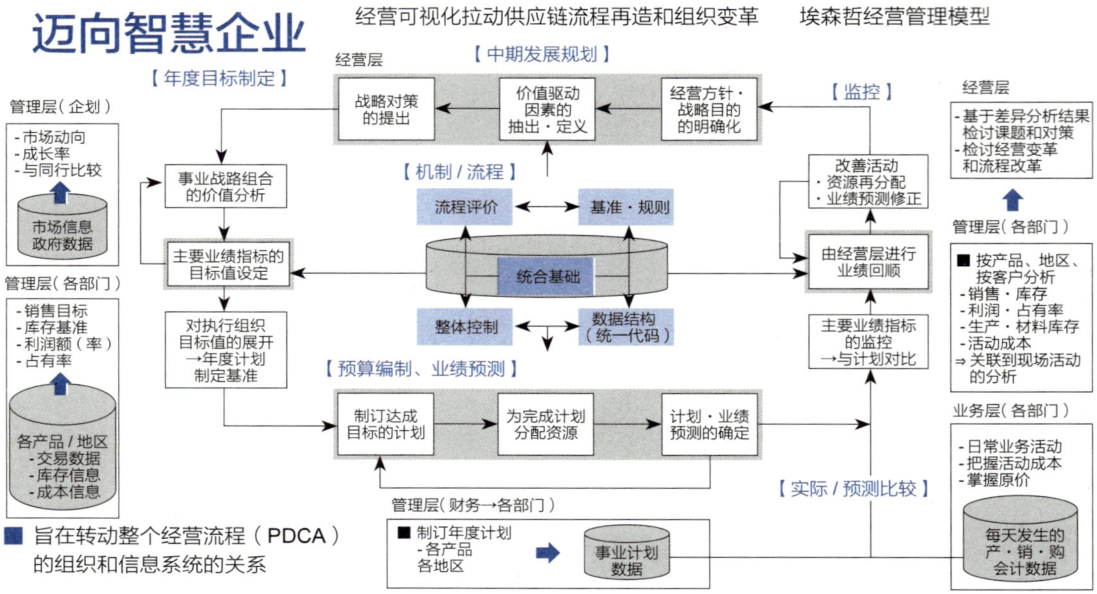


图6-14　埃森哲经营管理模型

进行实时数字化评价，动态进行整体控制——信息架构企业的统合基础。

由此看来，从线下到线上，到线上线下一体化，实现经营可视化，经营可视化拉动供应链流程再造和组织变革，迈向智慧企业。所有的企业，都要朝彻底的数字化迈进。